もくじ

- この本の構成と使い方 ・・・・・・・・ 2
- ●アルファベットの書き方 ・・・・・・・・ 4

▶アルファベット
- ★ アルファベット ・・・・・・・・ 6
- 1 大文字 A～I ・・・・・・・・ 8
- 2 大文字 J～R ・・・・・・・・ 10
- 3 大文字 S～Z ・・・・・・・・ 12
- 4 音や形に注意する文字 ・・・・・・・・ 14
- 5 まとめて書こう(大文字) ・・・・・・・・ 16
- ■ 復習ドリル ❶ ・・・・・・・・ 18
- 6 小文字 a～i ・・・・・・・・ 20
- 7 小文字 j～r ・・・・・・・・ 22
- 8 小文字 s～z ・・・・・・・・ 24
- 9 音や形に注意する文字 ・・・・・・・・ 26
- 10 まとめて書こう(小文字) ・・・・・・・・ 28
- ■ 復習ドリル ❷ ・・・・・・・・ 30
- 11 大文字と小文字 (1) ・・・・・・・・ 32
- 12 大文字と小文字 (2) ・・・・・・・・ 34
- ■ 復習ドリル ❸ ・・・・・・・・ 36
- ● 英語とローマ字のちがい ・・・・・・・・ 38

▶ローマ字
- ★ ローマ字表と表記について ❶ ・・・・・・・・ 40
- 1 ローマ字 あ～と ・・・・・・・・ 42
- 2 ローマ字 な～よ ・・・・・・・・ 44
- 3 ローマ字 ら～ぞ ・・・・・・・・ 46
- 4 ローマ字 だ～ぽ ・・・・・・・・ 48
- ■ 復習ドリル ❹ ・・・・・・・・ 50
- ★ ローマ字表と表記について ❷ ・・・・・・・・ 52
- 5 ローマ字 きゃ～にょ ・・・・・・・・ 54
- 6 ローマ字 ひゃ～ぎょ ・・・・・・・・ 56
- 7 ローマ字 じゃ～ぴょ ・・・・・・・・ 58
- 8 ローマ字 つまる音, のばす音, 大文字 ・・・・・・・・ 60
- ■ 復習ドリル ❺ ・・・・・・・・ 62
- ● コンピューターの文字の入力 ・・・・・・・・ 64

▶フォニックス
- ★ フォニックスとは ・・・・・・・・ 66
- 1 a の発音 ・・・・・・・・ 68
- 2 i の発音 ・・・・・・・・ 70
- 3 u の発音 ・・・・・・・・ 72
- 4 e, o の発音 ・・・・・・・・ 74
- 5 ir, ur, er の発音 ・・・・・・・・ 76
- 6 ar, or の発音 ・・・・・・・・ 78
- ■ 復習ドリル ❻ ・・・・・・・・ 80
- 7 c, g の発音 ・・・・・・・・ 82
- 8 ck, ch, sh の発音 ・・・・・・・・ 84
- 9 th, f, v の発音 ・・・・・・・・ 86
- ■ 復習ドリル ❼ ・・・・・・・・ 88
- ● フォニックスのまとめ ・・・・・・・・ 90

▶答え ・・・・・・・・ 93

↑ まだむ ぶたこ先生
海外に住んだこともある英語のベテラン先生。じつはとってもやさしい。

↑ こくばん じてん先生
1年目の若手先生。自分の頭をぱらぱらめくりながら教えてくれる, 熱血教師。

この本の構成と使い方

この本は，アルファベット・ローマ字・フォニックスを学習できるように作られているよ。CDを聞いたり，あとについて言ったりしながら勉強していこうね！ また，大切な「書く」練習もしっかりできるよ。さあ，がんばって取り組もう！

◉アルファベット　(p.6～p.37)

英語で使われる文字はアルファベットというよ。まずはCDで読み方を聞いて，自分で言ってみる練習をするよ。アルファベットには英語の基本的な発音がふくまれているので，声に出して練習しようね！ そのあとで書く練習をしっかりやるよ。

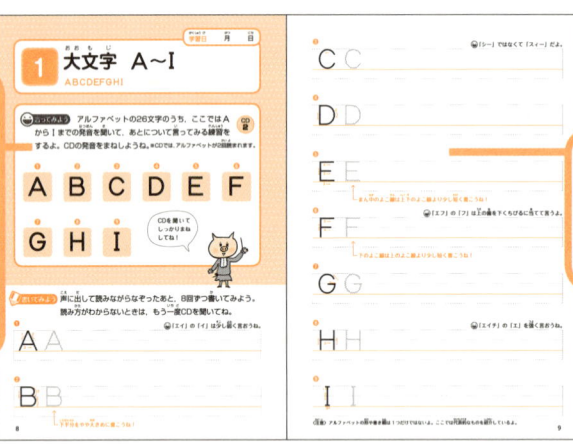

聞く・言う 言ってみよう
付属のCDのトラック番号に合わせて聞いて言ってみよう。くり返し聞いて英語の発音になれよう。

1 大文字 A～I
ABCDEFGHI
A B C D E F
G H I

書く 書いてみよう
文字の形に注意して練習をしよう。

◉ローマ字　(p.40～p.63)

ローマ字は，ふだん，人の名前や地名の表記などでよく見かけるね。ローマ字の書き方のきまりを学習して，自分の名前やかんたんな言葉をローマ字で書く練習をするよ。

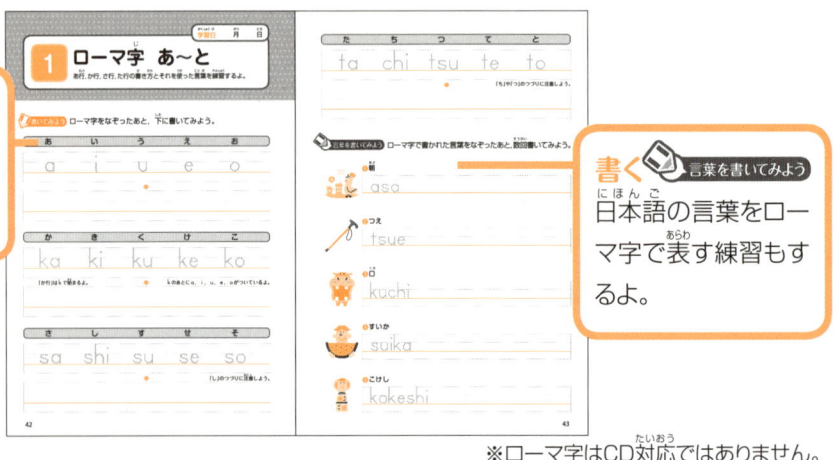

書く 書いてみよう
「あいうえお」から順にローマ字で書く練習をするよ。

1 ローマ字 あ～と
a i u e o
ka ki ku ke ko
sa shi su se so
ta chi tsu te to
asa
tsue
kuchi
suika
kokeshi

書く 言葉を書いてみよう
日本語の言葉をローマ字で表す練習もするよ。

※ローマ字はCD対応ではありません。

◉ フォニックス （p.66〜p.92）

　英語の文字と単語のつづりの間には一定のきまりがあるんだ。文字とつづりの間のきまりに気づくと，単語の発音とつづりに強くなれるよ。ここでは，いちばん基本的なきまりについて勉強するよ。

聞く・言う 言ってみよう
青い文字に注目して聞いて言ってみよう。

知る 発音のルール
単語を読むときのルールを学ぶよ。

書く 書いてみよう
青い文字に注目して，しっかり書く練習をするよ。

※じっさいのページでは，気をつける文字は青色になっています。

▶ 復習ドリル

　アルファベット・ローマ字・フォニックスを通して，7回分の復習ドリルがあるよ。CDを聞いて答える問題や，つづりを書く問題などがいろいろあるよ。学習したことを覚えているかどうか，ちょうせんしてみてね！

英語の勉強のコツ

この本で勉強するとき，こんなことに注意しようね。
① CDをよく聞いて，発音をマネしよう。
② はずかしがらずに，声に出して練習しよう。
③ 書く練習では，文字は4線の中にしっかり書こう。
④ 「聞く・言う」「書く」練習はくり返しやろう。

> 知っておこう！

アルファベットの書き方

　p.8からは，アルファベットの大文字や小文字を書く練習をするけれど，その前に書き方の注意点などを教えるね！

　アルファベットを書くときは，右のような**4線**を使うよ。
　それぞれの文字によって書く位置が決まっているので気をつけてね。

　大文字を書くときは，どの文字も4線のうち**上の3本の間**に書くんだよ。

　小文字は，右のように，文字によってどの線とどの線の間に書くかがちがうよ。いちばん下の線まで使う文字もあるよ。

　p.43からは日本語をローマ字で書く練習を，p.69からはアルファベットを使って英語の単語を書く練習をするよ。単語を書くときは，文字と文字の間があきすぎたり，つまりすぎたりしないように気をつけてね。

● pen(ペン)

アルファベット

▶▶ おうちの方へ

　ここでは,アルファベットの読み書きを学習します。CDで正しい発音を聞き,くり返し書く練習をします。アルファベットの発音には,英語の基本的な発音が含まれているので,声に出してしっかり練習させましょう。 また,中学入学前に,書き方もきちんとマスターしておきたいものです。この本では,書き方に注意すべき文字や大文字と小文字で混同しやすい文字もしっかり確認できます。

※英語の発音をカタカナで表記すると,日本語式の発音になってしまう可能性があるため,一部を除いてはカタカナを表示していません。例外的に表記しているものは,あくまで「参考」であるととらえ,正しい発音はCDを聞いて身につけるようにしてください。

アルファベット

 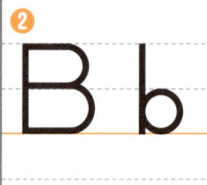  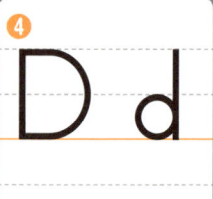
  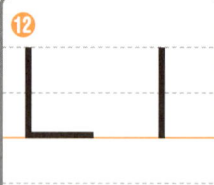  
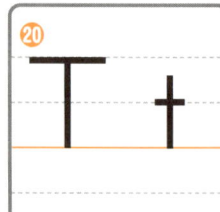   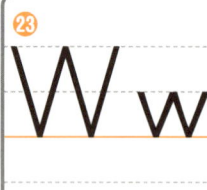 

▶ 大文字と小文字がある

　アルファベットの26文字には，それぞれ大文字（A〜Z）と小文字（a〜z）があるんだ。上の表のそれぞれの左側が大文字で，右側が小文字だよ。このアルファベットを組み合わせて，単語をつくるよ。

　文字の大きさのちがいだけでなく，形のちがいにも注意しよう。

▶ 英語の字体

　英語の字体には，教科書や本に印刷するときに使われる「活字体」と，手で書くときに使われる「ブロック体」があるんだ。この本では「ブロック体」で練習するよ。

活字体	A B C　abc
ブロック体	A B C　abc

英語で使われる文字をアルファベットというよ。アルファベットはA〜Zまで全部で26文字あるんだ。それぞれの読み方，形やアルファベットの順番が覚えられるようにしっかり練習していこうね。

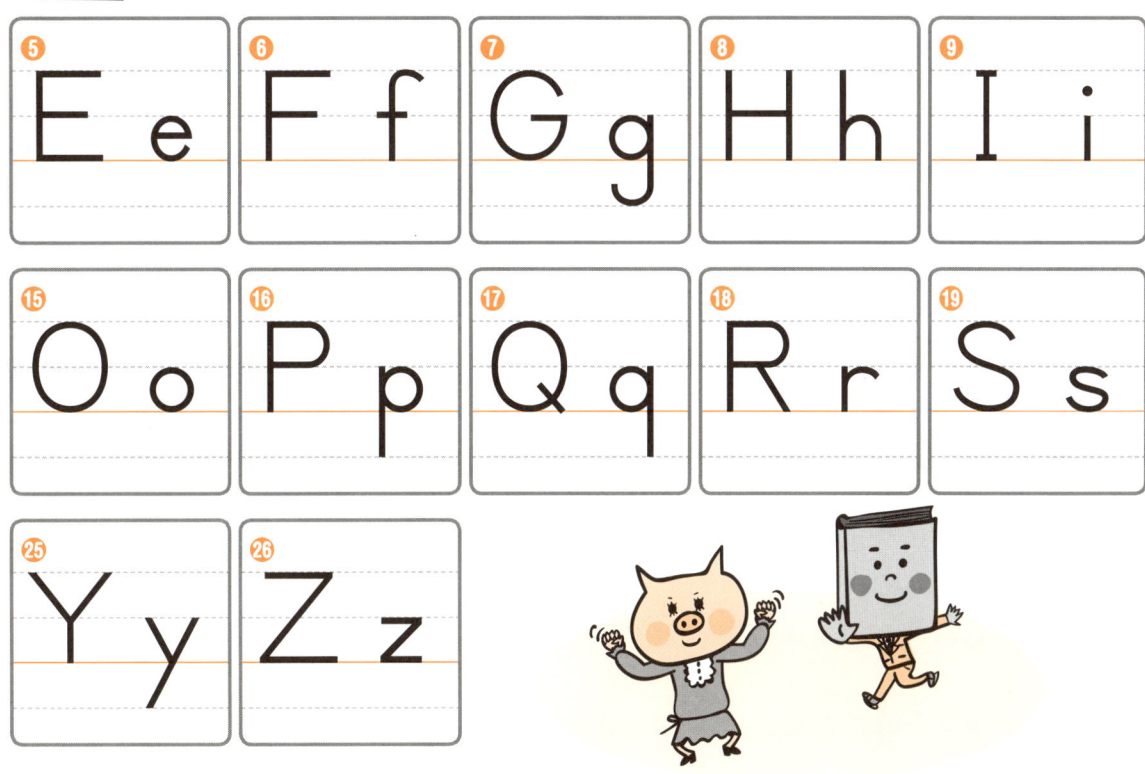

▶こんな形もあるよ

英語のブロック体の形はいくつかあるんだ。この本で使っているもののほかに，下のような形のものを使っている本や教科書もあるよ。

▶書き順

アルファベットの書き順は1つに決まっているわけではないよ。例えば，Eには E のほかに E E などいろいろな書き順があるんだ。次のページから書き順の一例を示しているけど，読めるように正しい形でスムーズに書くことができれば，書き順はそれほど気にする必要はないよ。

学習日　月　日

 **大文字 A～I**

ABCDEFGHIJKLMNOPQRSTUVWXYZ

😀 言ってみよう　アルファベットの26文字のうち，ここではAからIまでの発音を聞いて，あとについて言ってみる練習をするよ。CDの発音をまねしようね。※CDでは，アルファベットが2回読まれます。

❶ A　❷ B　❸ C　❹ D　❺ E　❻ F

❼ G　❽ H　❾ I

CDを聞いてしっかりまねしてね！

✏️ 書いてみよう　声に出して読みながらなぞったあと，8回ずつ書いてみよう。読み方がわからないときは，もう一度CDを聞いてね。

❶　　　　　　　　　　　　　😀「エイ」の「イ」は少し弱く言おうね。

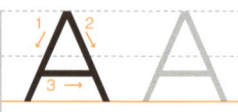

❷

↑下半分をやや大きめに書こうね！

8

❸ 😃「シー」ではなくて「スィー」だよ。

C C

❹

D D

❺

E E

↑ まん中のよこ線は上下のよこ線より少し短く書こうね！

❻ 😃「エフ」の「フ」は上の歯を下くちびるに当てて言うよ。

F F

↑ 下のよこ線は上のよこ線より少し短く書こうね！

❼

G G

❽ 😃「エイチ」の「エ」を強く言おうね。

H H

❾

I I

〈注意〉アルファベットの形や書き順は１つだけではないよ。くわしくは７ページを見てね。

9

2 大文字 J〜R

学習日　月　日

ABCDEFGHI **JKLMNOPQR** STUVWXYZ

😄 言ってみよう

ここではJからRまでの発音を聞いて，あとについて言ってみる練習をするよ。CDの正しい発音をまねしようね。MとNは発音が似ているので気をつけよう。

CD 3

⑩ J　⑪ K　⑫ L　⑬ M　⑭ N　⑮ O

⑯ P　⑰ Q　⑱ R

Jは「ヂェー」ではなくて「ヂェイ」だよ！

✏️ 書いてみよう

声に出して読みながらなぞったあと，8回ずつ書いてみよう。

⑩ J J

⑪ 😄「ケー」ではなくて「ケイ」だよ。

K K

10

⑫
L L

⑬
M M   😀「エム」の「ム」は口を閉じてね。

⑭
N N   😀「エン」の「ン」は口は閉じないよ。

⑮
O O   😀「オー」ではなくて「オウ」だよ。

⑯
P P

⑰
Q Q

　　　↑
　　└ ななめの線を忘れずに。

⑱
R R   😀「アー」は最後に舌を丸くするよ。

学習日　月　日

3 大文字 S～Z

ABCDEFGHIJKLMNOPQR**STUVWXYZ**

😀 **言ってみよう** 　ここではSからZまでの発音を聞いて，あとについて言ってみる練習をするよ。「エス」の「エ」のように，強く言うところに気をつけて，CDの正しい発音をまねしようね。

CD 4

⑲ S　⑳ T　㉑ U　㉒ V　㉓ W　㉔ X

㉕ Y　㉖ Z

Vは「ブイ」ではなくて「ヴィー」だよ！

書いてみよう　声に出して読みながらなぞったあと，8回ずつ書いてみよう。

⑲
S S

⑳
T T

よこ線はたて線より短いよ。

12

学習日　月　日

4 音や形に注意する文字

音や形に注意する文字をしっかり区別できるようになろう。

音に注意したい文字

言ってみよう 「ビー」「スィー」など，カタカナで書くとわからないけれど，次のアルファベットは，すべて「イー」という発音が入っているよ。CDを聞いて，あとについて言ってみよう。 CD 5

❶ B　❷ C　❸ D　❹ E　❺ G

❻ P　❼ T　❽ V　❾ Z

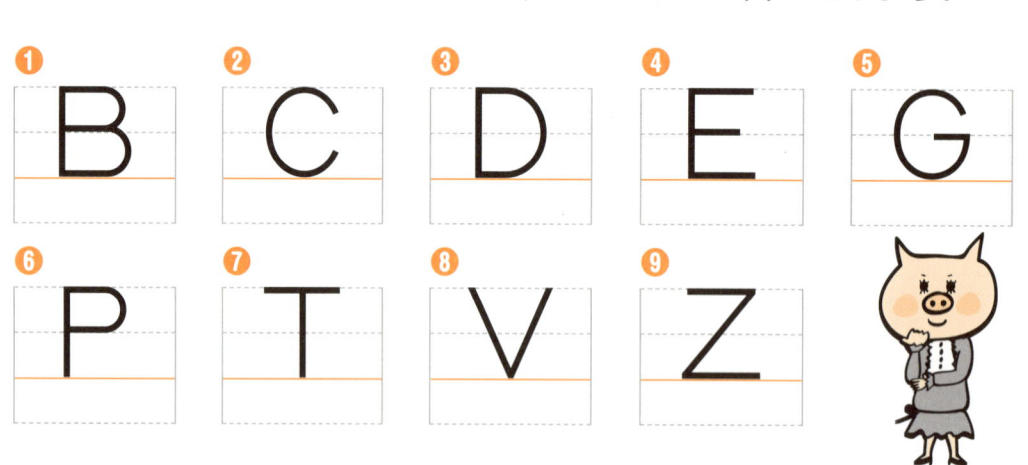

● CDを聞いて，読まれた文字を大文字で書こう。→答え：p.93 CD 6

(1)　(2)　(3)

(4)　(5)　(6)

(7)　(8)　(9)

形が似ている文字

B P
- ▲ Bはよこ山が2つ，Pは1つ。Dも似ているので気をつけてね。

C G
- ▲ Gにはよこ線が入る。

E F
- ▲ Eはよこ線が3本，Fは2本。Lはよこ線が下に1本だよ。

M W
- ▲ MとWは上下の向きが逆。WはVが2つあるんだよ。

O Q
- ▲ Qにはななめの線が入る。

U V
- ▲ Uは下が丸く，Vはとがっている。

書いてみよう
声に出して読みながらなぞったあと，数回書いてみよう。

BP　BP

CG　CG

EF　EF

MW　MW

OQ　OQ

UV　UV

5 まとめて書こう(大文字)

アルファベットの大文字の形と順序を復習しよう。

学習日　月　日

アルファベットの大文字

😊 **言ってみよう**　アルファベットはAからZまで26文字あるよ。
CDを聞いて、あとについて言ってみよう。

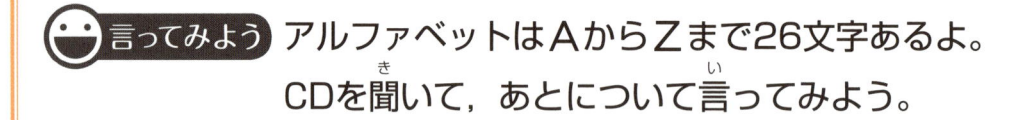

CD 7

ABCDEFGHIJKLM

NOPQRSTUVWXYZ

大文字はすべて1番目の線と3番目の線の間に書くんだよ。

✏️ **書いてみよう**　大文字を順に声に出して読みながらなぞったあと、書いてみよう。

A B C D E F G H I

⬇

⬇

J K L M N O P Q R

S T U V W X Y Z

書いてみよう AからZまでを、順に全部書いてみよう。

復習ドリル ①

学習日　月　日

●答え：p.93

アルファベットの 1 〜 5 で習った大文字の発音と書き方を確かめよう！

✲ 1〜3はＣＤを聞いて、問題に答えましょう。

1 （1）〜（4）のアルファベットを聞いて、読まれたほうのアルファベットに○をつけましょう。

(1) 　　(2)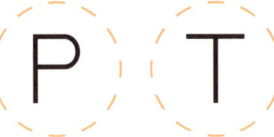

(3) 　　(4)

2 読まれたアルファベットを線でたどり、ゴールしましょう。

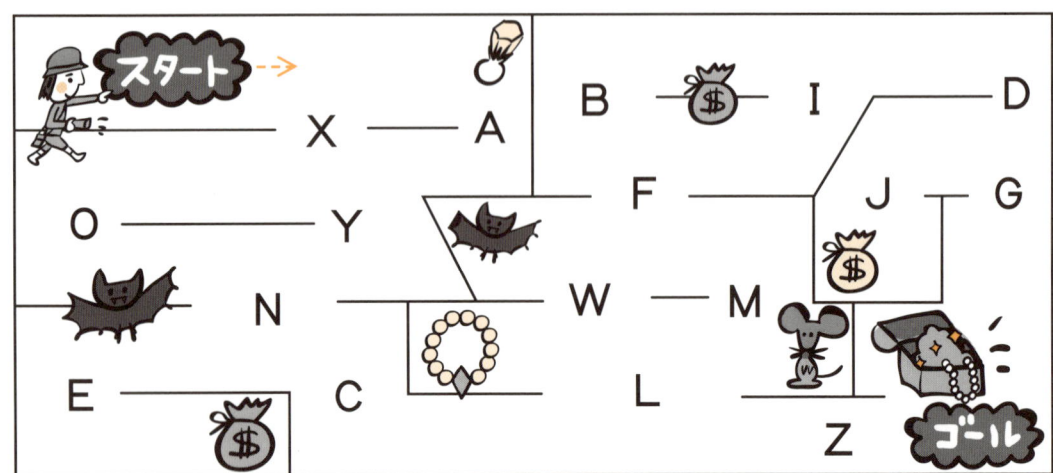

3 読まれたアルファベットの大文字を書きましょう。

(1) 　(2) 　(3) 　(4)

4 AからZまでアルファベットの大文字を順に線でつなぎましょう。

5 アルファベットの順になるように、☐にあてはまる大文字を書きましょう。

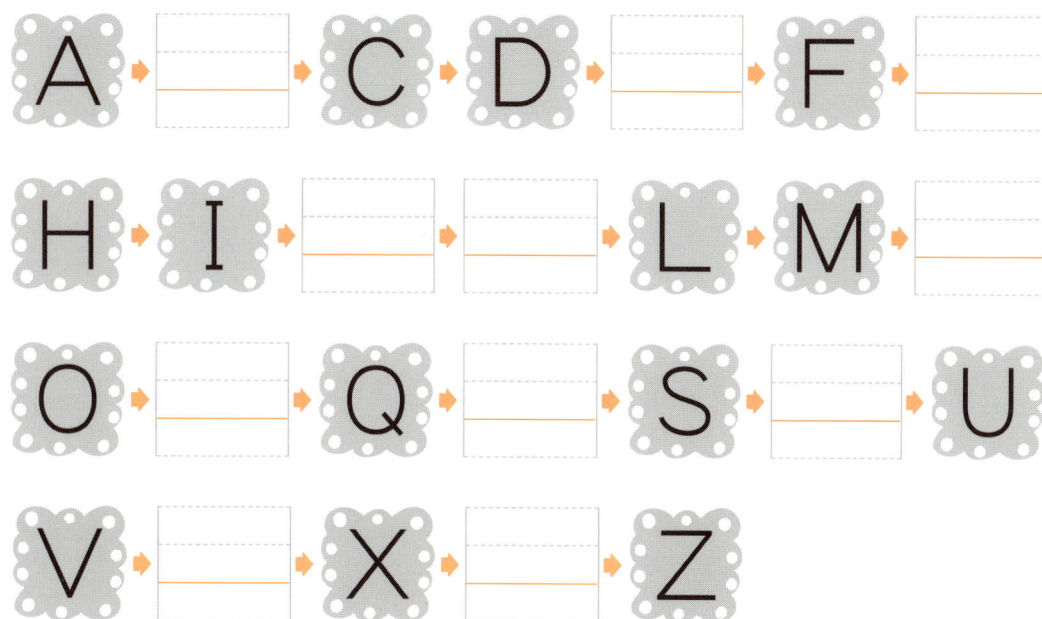

6 小文字 a〜i

abcdefghijklmnopqrstuvwxyz

言ってみよう ここからはアルファベットの小文字，aからiまでを聞いて，あとについて言ってみる練習をするよ。大文字と発音は同じなので，確認のつもりでCDを聞いてね。

CD 11

❶ a ❷ b ❸ c ❹ d ❺ e ❻ f
❼ g ❽ h ❾ i

4線での正確な書き方は下でしっかりやろう。

書いてみよう 声に出して読みながらなぞったあと，8回ずつ書いてみよう。

❶ a a
　↑ 2番目と3番目の線の間に書こう。

❷ b b

7 小文字 j〜r

abcdefghi **jklmnopqr** stuvwxyz

> 😊 **言ってみよう** ここでは，jからrまでの発音を聞いて，あとについて言ってみる練習をするよ。発音のしかたは覚えているかな。CDの正しい発音をまねしようね。
>
> CD 12
>
> ⑩ j　⑪ k　⑫ l　⑬ m　⑭ n　⑮ o
>
> ⑯ p　⑰ q　⑱ r
>
> 💬 pとqの丸の向きはちがうね。

✏️ **書いてみよう** 声に出して読みながらなぞったあと，8回ずつ書いてみよう。

⑩ j　j　↑上の点を忘れないでね。

⑪ k　k

8 小文字 s〜z

stuvwxyz

学習日　月　日

言ってみよう　ここでは，sからzまでの発音を聞いて，あとについて言ってみる練習をするよ。これで小文字の26文字は終わりだよ。CDの正しい発音をまねしようね。

CD 13

⑲ s　⑳ t　㉑ u　㉒ v　㉓ w　㉔ x

㉕ y　㉖ z

大文字と形は同じだけど，大きさがちがうものが多いね。

書いてみよう　声に出して読みながらなぞったあと，8回ずつ書いてみよう。

⑲ s　s

⑳ t　t

たて線の書き始めの位置に注意しよう。

㉑ u u
↑ 右のたて線をきちんと書こう。

㉒ v v
↑ uとしっかり区別してね。

㉓ w w

㉔ x x

㉕ y y
↑ ななめの線は4番目の線までのばしてね。

㉖ z z

アルファベットの大文字と小文字をひととおり学習したね。
きちんと書けるようになったかな？

9 音や形に注意する文字

音や形に注意する文字をしっかり区別できるようになろう。

学習日　月　日

音に注意したい文字

😀 **言ってみよう**　「ヂェイ」「ケイ」などは，カタカナで書くとわからないけれど，「エイ」という発音が入っているよ。CDを聞いて，あとについて言ってみよう。　CD 14

❶「エイ」の発音が入っているよ。

❷「アイ」の発音があるよ。

❸「エ」の音で始まるよ。

❹「ウー」の発音があるよ。

● CDを聞いて，読まれたほうの文字をなぞろう。→**答え：p.93**　CD 15

(1)

(2)

(3)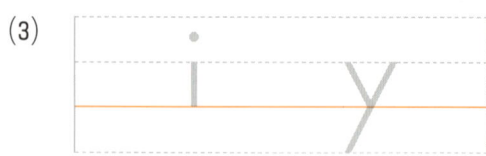

(4)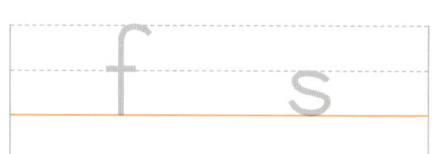

(5)

(6)

形が似ている文字

a u

▲ uは上が開いている。

b d

▲ 丸の向きが逆。

h n

▲ hは左のたて線が長い。
hとbもまちがえやすいね。

i j

▲ jは4番目の線までつく。
どちらも点を忘れないでね。

p q

▲ 丸の向きが逆。

v y

▲ yは4番目の線までつく。
vはuとも似ているね。

書いてみよう 声に出して読みながらなぞったあと，数回書いてみよう。

au au

bd bd

hn hn

ij ij

pq pq

vy vy

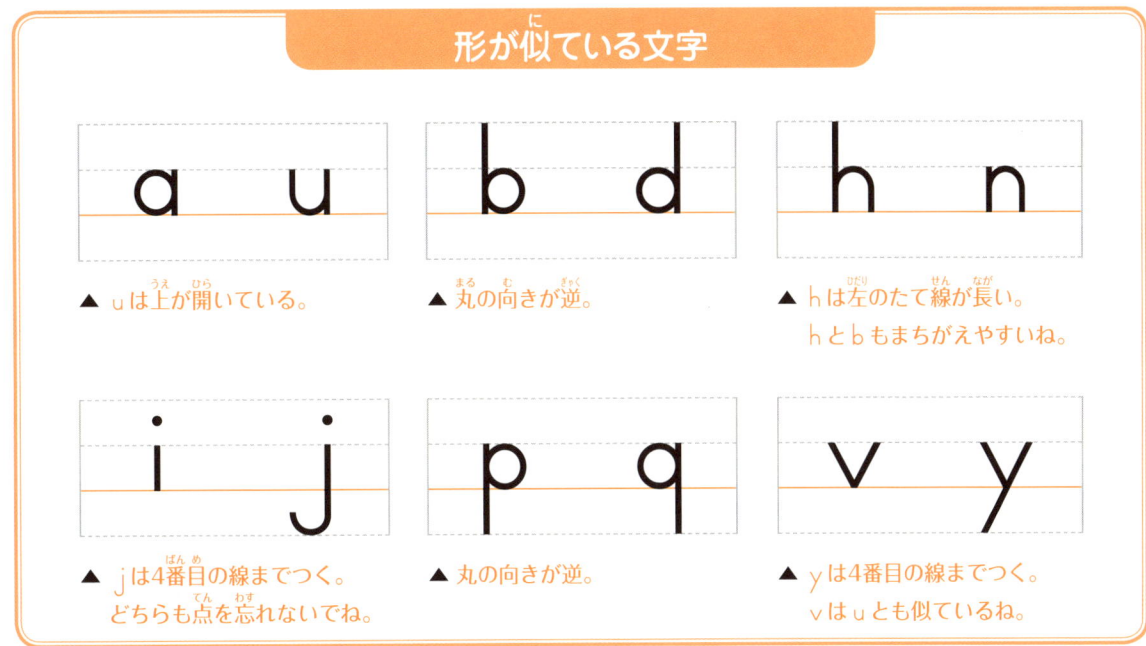

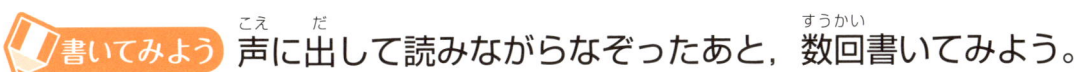

10 まとめて書こう（小文字）

アルファベットの小文字の形と順序を復習しよう。

学習日　月　日

アルファベットの小文字

😊 **言ってみよう**　アルファベットはaからzまで26文字あるよ。
CDを聞いて, あとについて言ってみよう。

CD 16

abcdefghijklm

nopqrstuvwxyz

小文字は4番目の線までのびるものがいくつかあるよ。

✏️ **書いてみよう**　小文字を順に声に出して読みながらなぞったあと, 書いてみよう。

a b c d e f g h i

⬇

⬇

j k l m n o p q r

s t u v w x y z

書いてみよう aからzまでを，順に全部書いてみよう。

復習ドリル ②

学習日　月　日

答え:p.93

アルファベットの 6 ～ 10 で習った小文字の発音と書き方を確かめよう！

✖1～3はＣＤを聞いて，問題に答えましょう。

1

（1）～（4）のアルファベットを聞いて，読まれたほうのアルファベットに○をつけましょう。　CD 17

（1）　f　h

（2）　s　x

（3）　l　n

（4）　a　j

2

読まれたアルファベットを線でたどり，ゴールしましょう。　CD 18

3

読まれたアルファベットの小文字を書きましょう。　CD 19

（1）

（2）

（3）

（4）

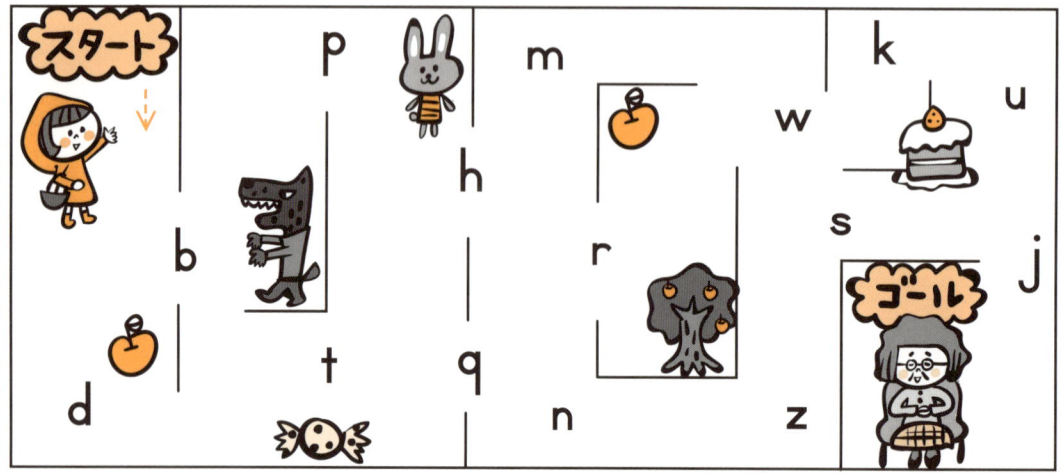

4 aからzまでアルファベットの小文字を順(じゅん)に線でつなぎましょう。

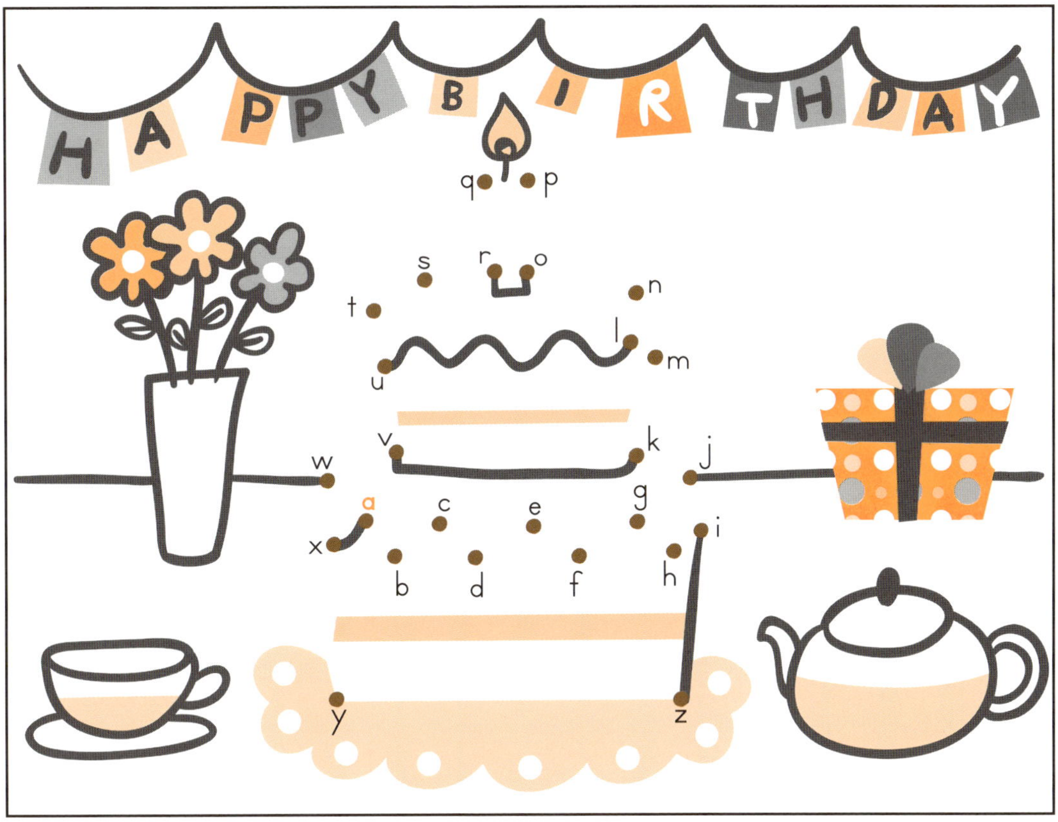

5 アルファベットの順になるように，□にあてはまる小文字を書きましょう。

□ → □ → c → □ → e → □ → g

h → □ → j → □ → l → □ → n

o → p → □ → □ → s → t → □

□ → w → x → □ → z

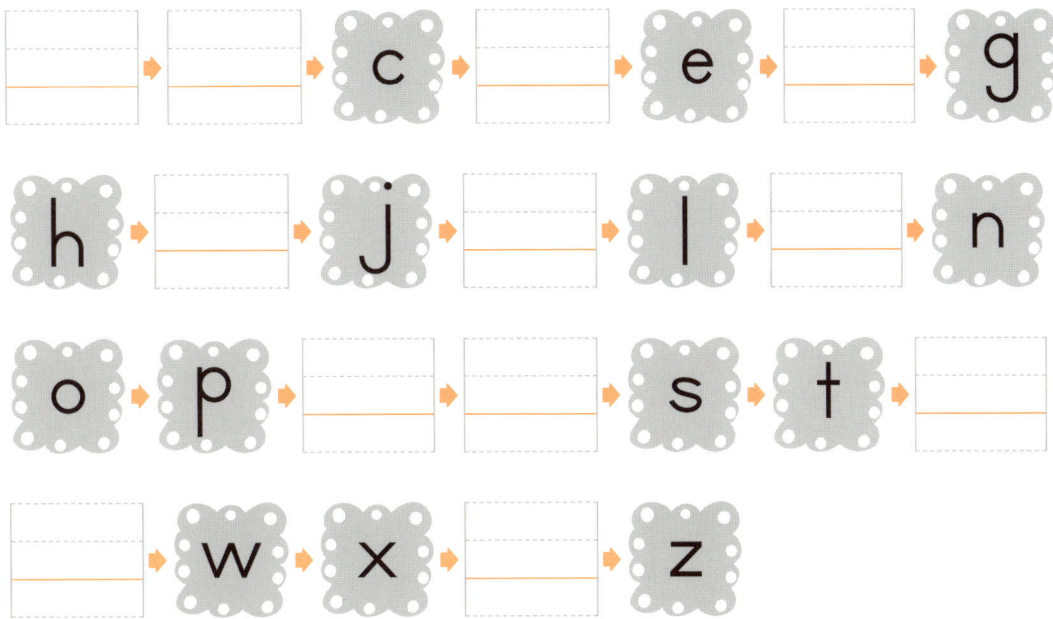

11 大文字と小文字(1)

大文字と小文字の形や大きさをくらべてみよう。

学習日　月　日

大文字と小文字の形が同じもの

● 26文字のうち7つは大文字と小文字の形がまったく同じものだよ。とっても覚えやすいね。

Cc　Oo　Ss　Vv　Ww

Xx　Zz

形は同じだけれど、大きさはちがうね。

書いてみよう　声に出して読みながらなぞったあと，1回書いてみよう。

Cc　　Oo　　Ss

Vv　　Ww　　Xx

Zz

小文字がいちばん下の線につくもの

● 小文字が，大文字の半分の高さからいちばん下の線までつくものは5つあるよ。まったく形がちがうのもあるので気をつけてね！

Gg　Jj　Pp　Qq　Yy

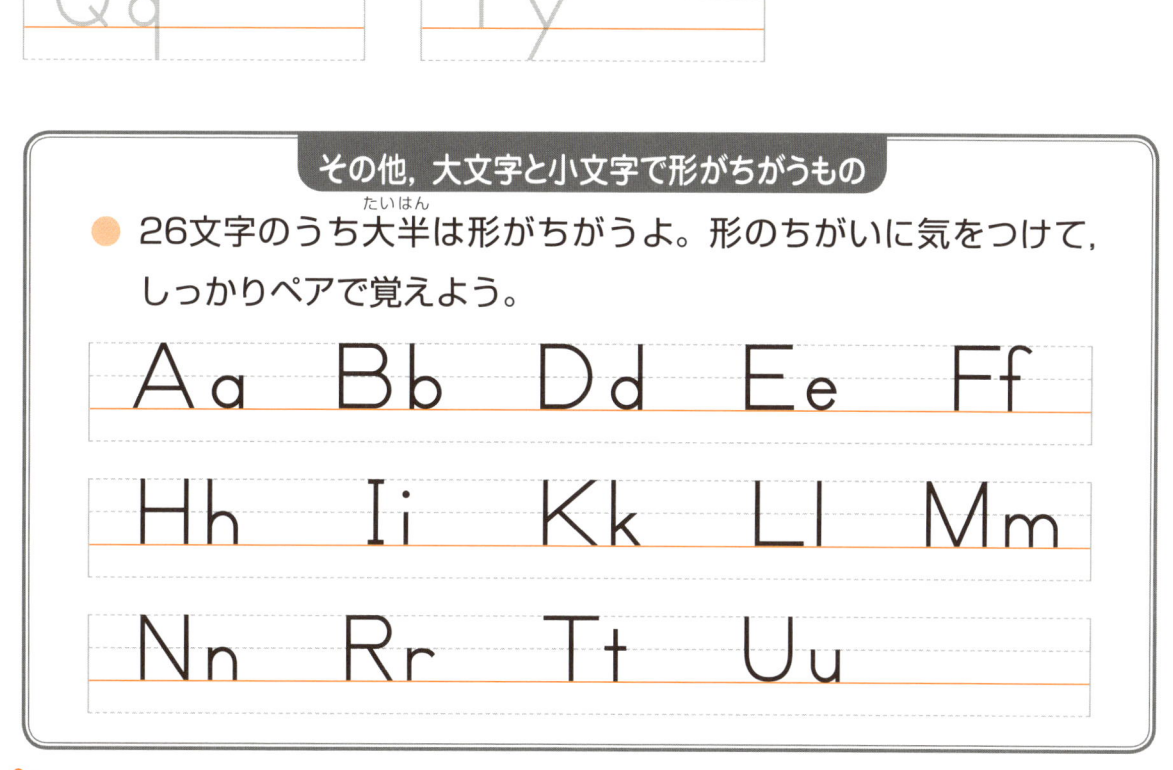

書いてみよう　声に出して読みながらなぞったあと，1回書いてみよう。

Gg　Jj　Pp

Qq　Yy

その他，大文字と小文字で形がちがうもの

● 26文字のうち大半（たいはん）は形がちがうよ。形のちがいに気をつけて，しっかりペアで覚えよう。

Aa　Bb　Dd　Ee　Ff

Hh　Ii　Kk　Ll　Mm

Nn　Rr　Tt　Uu

書いてみよう　声に出して読みながらなぞったあと，1回書いてみよう。

Aa　Bb　Dd

Ee　Ff　Hh

Ii　Kk　Ll

Mm　Nn　Rr

Tt　Uu

12 大文字と小文字(2)

学習日　月　日

大文字と小文字をまとめて学習しよう。

書いてみよう　声に出して読みながらなぞったあと，数回書いてみよう。

Aa

Bb

Cc

Dd

Ee

Ff

Gg

Hh

Ii

Jj

Kk

Ll

Mm

Nn

Oo Pp
Qq Rr
Ss Tt
Uu Vv
Ww Xx
Yy Zz

♪ ABC SONG ♪

CDに合わせて、いっしょに「ABC SONG」を歌いましょう。

**ABCD EFG HIJK LMN
OPQR STU VW and XYZ
Happy, happy, I'm happy.**
(うれしい，うれしい，わたしはうれしい。)
I can sing my ABC's.
(ABCが歌えてうれしい。)

復習ドリル ③

学習日　月　日

●答え:p.94

アルファベットの ⑪ ～ ⑫ で習った大文字と小文字の書き方を確かめよう！

1

(1),(2) のそれぞれの大文字と小文字を線でむすびましょう。

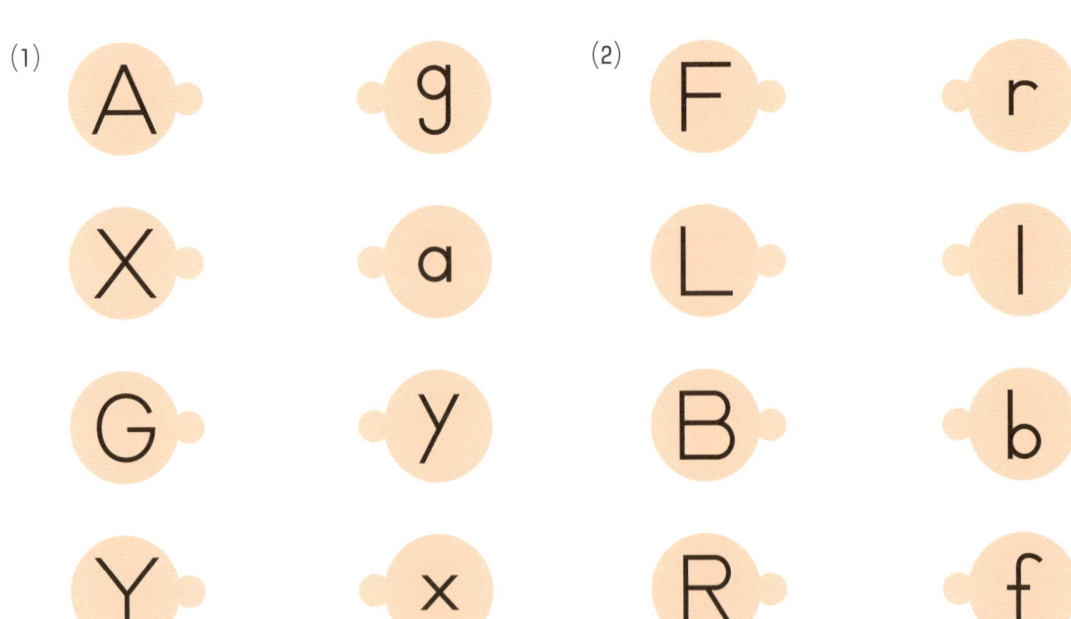

2

アルファベットの順になるように, ▭にあてはまる文字を書きましょう。
(1)～(3) は大文字,(4)～(6) は小文字を入れましょう。

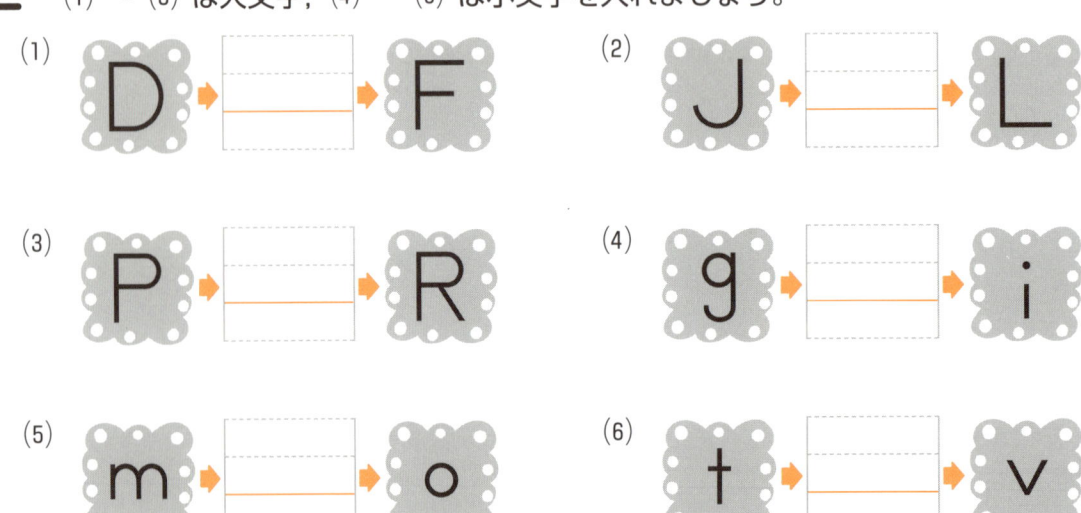

3

(1),(2)の大文字はすべて小文字にして,(3),(4)の小文字はすべて大文字にして書きかえましょう。

(1) COSWZ ➡

(2) DEJQP ➡

(3) mtkuh ➡

(4) vinfg ➡

4

アルファベットの順番にA→a,B→bのように大文字→小文字の順にたどって,ゴールしましょう。

スタート	A	a	Y	P	N	n	P	p	Q
C	b	B	k	L	l	S	o	y	q
c	E	D	K	j	M	m	O	W	R
D	f	d	i	J	t	N	n	q	r
d	E	z	I	v	V	t	T	s	S
F	e	m	h	W	u	U	S	Z	z
f	G	g	H	w	X	x	Y	Y	ゴール

37

知っておこう！

英語とローマ字のちがい

アルファベットのA～Zの読み方と順番はもうカンペキに覚えたよね。よ～し。では，これから学習するローマ字についてお話をしよう。

アルファベットは音を表す文字だけれども，ローマ字は**アルファベットを使って，日本語の「あいうえお」の50音を書き表したもの**だよ。

アルファベットを使うのは英語と同じだけれども，ローマ字は，日本語をアルファベットで表したものだから，英語とはぜんぜんちがうんだ。

たとえば，日本語の「**ねこ**」をローマ字で表すときは，「ね」のneと，「こ」のkoを合わせて**neko**と書くよ。でも，これはあくまでも日本語！

英語で「ねこ」を表す単語は**cat**だよ。

ローマ字は日本語を表したものだけれども，ふだんの生活でも，よく目にするよ。たとえば，駅などで「東京」のような日本語の地名がローマ字で表されているのを，よく見かけるよね。また，自分の名前を，日本語を知らない外国の人にも読めるように書くときにもローマ字で表すよ。そして，日本語をコンピューターで入力するときにもローマ字を活用するよ。（→p.64）

このように，ローマ字はいろいろな場面で目にしたり，使ったりするよ。では，次のページからは，このとっても便利なローマ字の勉強をしよう！

ローマ字

▶▶ **おうちの方へ**

　ローマ字の学習は,アルファベットの練習になること,ローマ字で書かれた看板や表示などを読むために必要であること,コンピューターでの入力などの観点から,重要視されています。

　ただし,英語と混同しがちなので,英語とローマ字のちがい(→p.38)に十分留意させながら,ローマ字を学習させるようにしてください。

　ローマ字は小学校の国語で学習しますが,本書は,国語の教科書で多く扱われている訓令式ではなく,実際に地名や人名などをローマ字で表すときによく使われるヘボン式をおもに採用しています。

ローマ字表と表記について①

ローマ字表を見て、それぞれのつづりを確かめよう。

	a	i	u	e	o
	あ a	い i	う u	え e	お o
k	か ka	き ki	く ku	け ke	こ ko
s	さ sa	し shi *	す su	せ se	そ so
t	た ta	ち chi *	つ tsu *	て te	と to
n	な na	に ni	ぬ nu	ね ne	の no
h	は ha	ひ hi	ふ fu *	へ he	ほ ho
m	ま ma	み mi	む mu	め me	も mo
y	や ya		ゆ yu		よ yo
r	ら ra	り ri	る ru	れ re	ろ ro
w	わ wa				を o
	ん n				

	a	i	u	e	o
g	が ga	ぎ gi	ぐ gu	げ ge	ご go
z	ざ za	じ ji *	ず zu	ぜ ze	ぞ zo
d	だ da	ぢ ji *	づ zu	で de	ど do
b	ば ba	び bi	ぶ bu	べ be	ぼ bo
p	ぱ pa	ぴ pi	ぷ pu	ぺ pe	ぽ po

▶ローマ字について

ローマ字は，アルファベットを使って日本語を書き表したものだよ。
基本となる「あいうえお」は a,i,u,e,o で表すよ。それ以外の行，たとえば「か行」は表のように k と a,i,u,e,o を組み合わせて表すよ。カンタンだね！

▶表記が複数あるもの

左や上のローマ字表で＊印のあるものは，複数の表記のしかたがあるよ。この本では，下の左側の色のついたつづりを使っているよ。

※小学校の国語の教科書では，下の黒いつづりを使って学習することが多いですが，この本では，ふだんの生活でよく目にする左側の色のついたつづりを使っています。

し	shi	と	si
ち	chi	と	ti
つ	tsu	と	tu

ふ	fu	と	hu
じ・ぢ	ji	と	zi

※この本では「ん」はすべて n を使って表していますが，p,b,m の前では，tempura（てんぷら）のように，m を使うこともあります。

1 ローマ字 あ〜と

あ行, か行, さ行, た行の書き方とそれを使った言葉を練習するよ。

学習日　月　日

書いてみよう　ローマ字をなぞったあと，下に書いてみよう。

| あ | い | う | え | お |

a　　i　　u　　e　　o

| か | き | く | け | こ |

ka　　ki　　ku　　ke　　ko

「か行」はkで始まるよ。　　　　kのあとにa, i, u, e, oがついているよ。

| さ | し | す | せ | そ |

sa　　shi　　su　　se　　so

「し」のつづりに注意しよう。

| た | ち | つ | て | と |

ta chi tsu te to

→ 「ち」や「つ」のつづりに注意しよう。

言葉を書いてみよう ローマ字で書かれた言葉をなぞったあと、数回書いてみよう。

❶ 朝(あさ)

asa

❷ つえ

tsue

❸ 口(くち)

kuchi

❹ すいか

suika

❺ こけし

kokeshi

2 ローマ字 な〜よ

な行, は行, ま行, や行の書き方とそれを使った言葉を練習するよ。

学習日　月　日

書いてみよう
ローマ字をなぞったあと, 下に書いてみよう。

な	に	ぬ	ね	の
na	ni	nu	ne	no

「な行」はnで始まるよ。　　　　　　　nのあとにa, i, u, e, oがついているよ。

は	ひ	ふ	へ	ほ
ha	hi	fu	he	ho

「ふ」のつづりに注意しよう。

ま	み	む	め	も
ma	mi	mu	me	mo

や	ゆ	よ

ya　　　yu　　　yo

言葉を書いてみよう ローマ字で書かれた言葉をなぞったあと、数回書いてみよう。

❶ 船(ふね)

fune

❷ 花(はな)

hana

❸ 山(やま)

yama

❹ 湯(ゆ)のみ

yunomi

❺ かもめ

kamome

3 ローマ字 ら〜ぞ

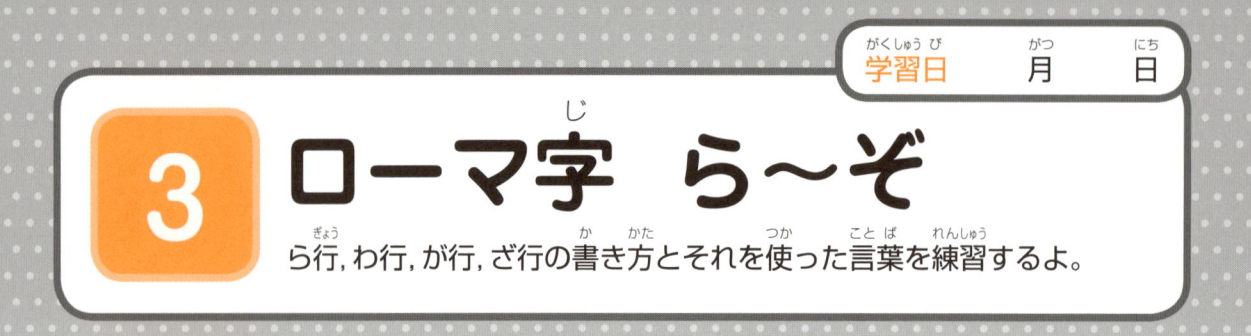

ら行, わ行, が行, ざ行の書き方とそれを使った言葉を練習するよ。

学習日　月　日

書いてみよう
ローマ字をなぞったあと，下に書いてみよう。

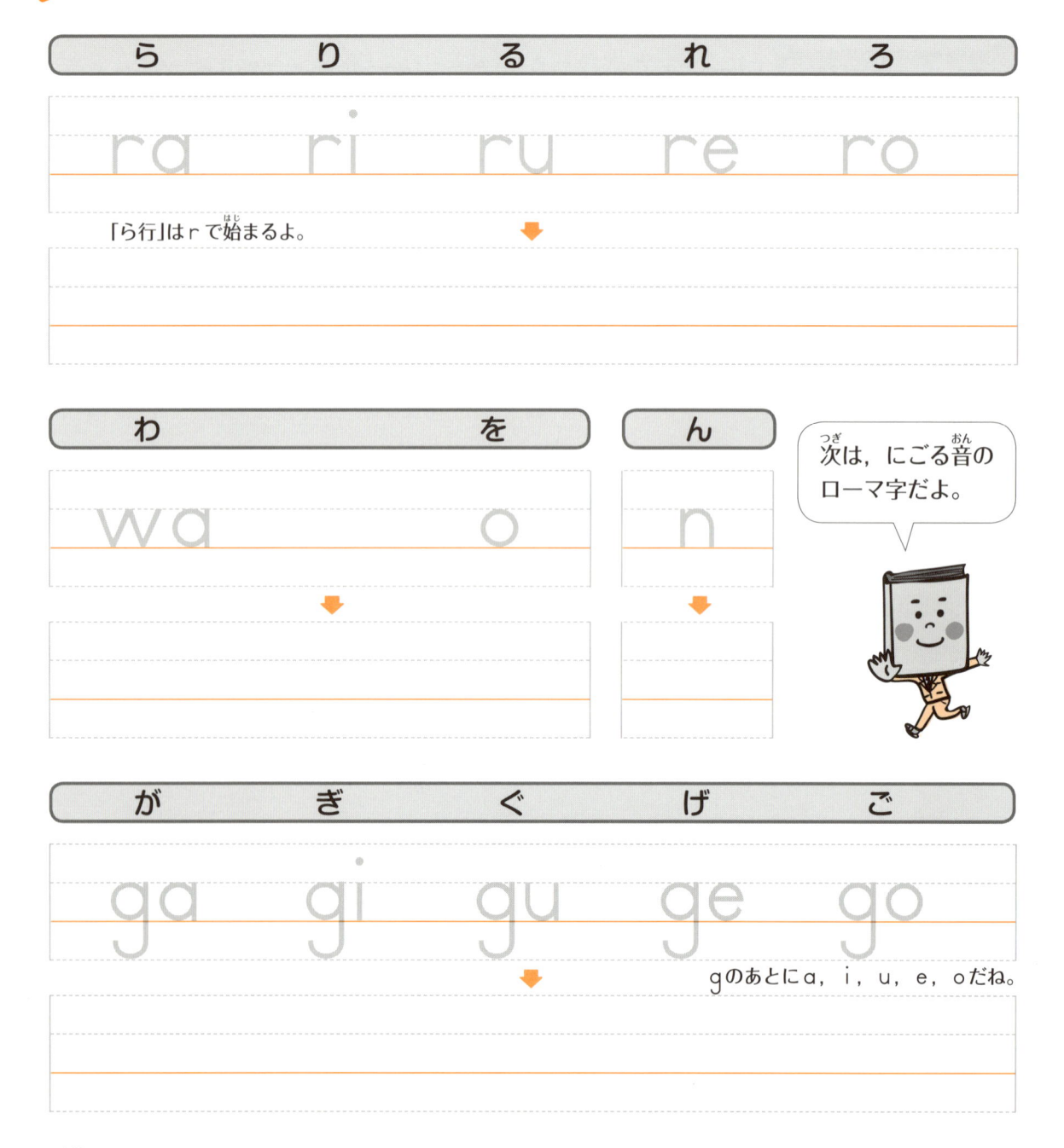

ら	り	る	れ	ろ
ra	ri	ru	re	ro

「ら行」はrで始まるよ。

わ	を	ん
wa	o	n

次は，にごる音のローマ字だよ。

が	ぎ	ぐ	げ	ご
ga	gi	gu	ge	go

gのあとにa, i, u, e, oだね。

| ざ | じ | ず | ぜ | ぞ |

za ji zu ze zo

「じ」のつづりに注意しよう。

言葉を書いてみよう ローマ字で書かれた言葉をなぞったあと, 数回書いてみよう。

❶ ざる

zaru

❷ れんげ

renge

❸ ずきん

zukin

❹ まぐろ

maguro

❺ 和がし

wagashi

4 ローマ字 だ〜ぽ

だ行，ば行，ぱ行の書き方とそれを使った言葉を練習するよ。

書いてみよう ローマ字をなぞったあと，下に書いてみよう。

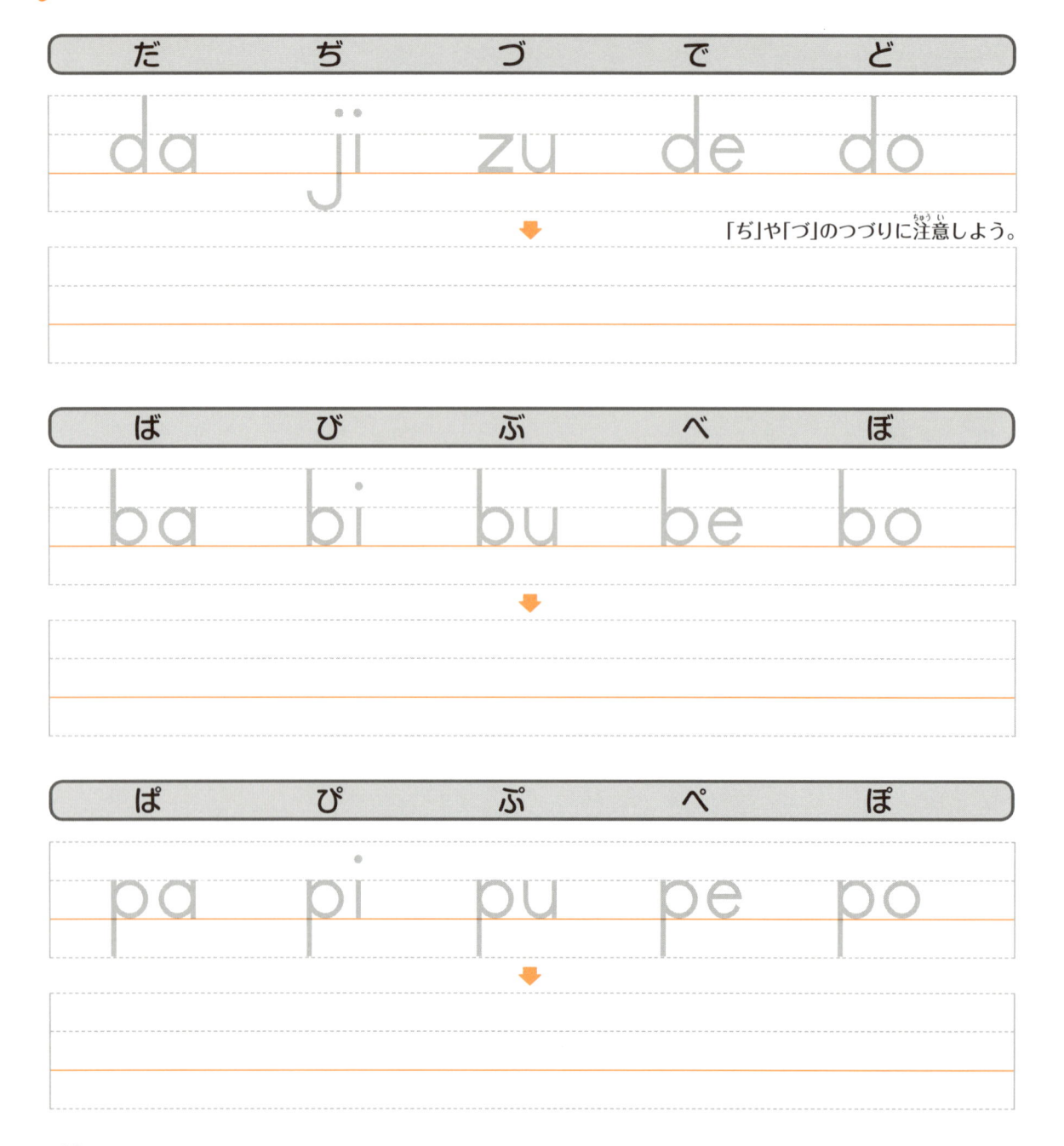

だ	ぢ	づ	で	ど
da	ji	zu	de	do

「ぢ」や「づ」のつづりに注意しよう。

ば	び	ぶ	べ	ぼ
ba	bi	bu	be	bo

ぱ	ぴ	ぷ	ぺ	ぽ
pa	pi	pu	pe	po

言葉を書いてみよう
ローマ字で書かれた言葉をなぞったあと，数回書いてみよう。

❶ ぶた

buta

❷ そば

soba

❸ 散歩

sanpo

❹ 電波

denpa

❺ ひづめ

hizume

❻ 土なべ

donabe

❼ らくだ

rakuda

復習ドリル ④

学習日　月　日

答え：p.94

1〜4で習ったローマ字の書き方を確かめよう！

1

(1)〜(4)の絵に合うローマ字の言葉を右からさがして、線でつなぎましょう。

(1) ・　　　　　　　・makura

(2) ・　　　　　　　・mogura

(3) ・　　　　　　　・kaidan

(4) ・　　　　　　　・kanban

2

下のアルファベットの表から、左右にあるくだものの名前を表すローマ字の言葉をたて、よこ、ななめでさがして、◯をつけましょう。

例　もも

いちご

みかん

n	r	e	k	a	d	i
m	i	k	a	n	t	c
i	n	p	y	g	b	h
k	g	a	n	z	u	i
e	o	n	s	w	z	g
a	n	j	u	h	d	o
(m	o	m	o)	h	i	n

りんご

なし

あんず

50

3 左の言葉を表すローマ字になるように，必要なアルファベットを入れて，ローマ字のかいだんを完成させましょう。

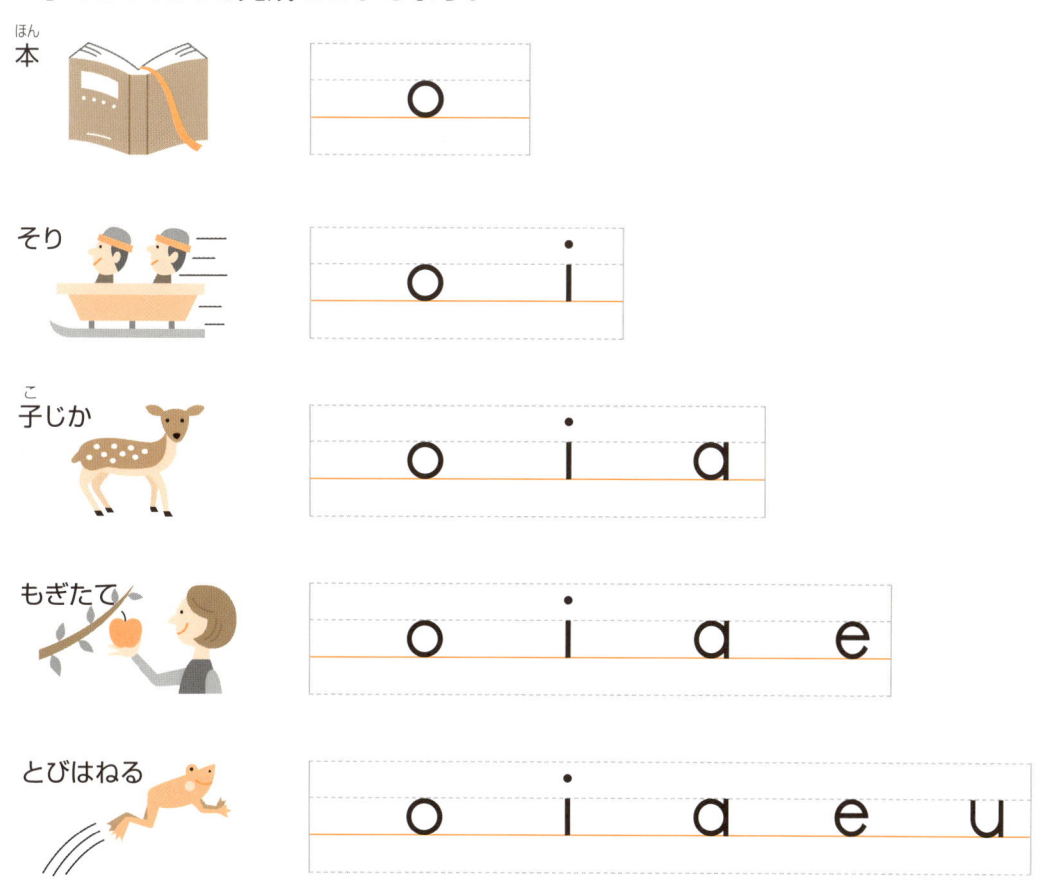

本　　　　　　　　h o n

そり　　　　　　　s o r i

子じか　　　　　　k o j i k a

もぎたて　　　　　m o g i t a t e

とびはねる　　　　t o b i h a n e r u

4 左の言葉をローマ字で書いて，しりとりをしましょう。

やじるし

しろぎつね

ねこなでごえ

えんぴつけずり

ローマ字表と表記について❷

ローマ字表を見て，それぞれのつづりを確かめよう。

ここからは，「きゃ・きゅ・きょ」などの小さい「ゃ・ゅ・ょ」の入ったローマ字を練習するよ。つづりをしっかり覚えようね。

それから，つまる音「っ」や「おねえさん」などののばす音の表し方，大文字を使う場合についても勉強するよ。ローマ字で自分の名前を書けるようになろう。

	きゃ kya	きゅ kyu	きょ kyo
k			
s	しゃ sha *	しゅ shu *	しょ sho *
c	ちゃ cha *	ちゅ chu *	ちょ cho *
n	にゃ nya	にゅ nyu	にょ nyo
h	ひゃ hya	ひゅ hyu	ひょ hyo
m	みゃ mya	みゅ myu	みょ myo
r	りゃ rya	りゅ ryu	りょ ryo

g	ぎゃ gya	ぎゅ gyu	ぎょ gyo
j	じゃ ja *	じゅ ju *	じょ jo *
j	ぢゃ ja *	ぢゅ ju *	ぢょ jo *
b	びゃ bya	びゅ byu	びょ byo
p	ぴゃ pya	ぴゅ pyu	ぴょ pyo

▶表記が複数あるもの

「し」の表記が shi と si の複数あったように，＊印のものは複数の表記のしかたがあるよ。この本では，下の左側の色のついたつづりを使っているよ。

しゃ	sha と sya	ちゃ	cha と tya	じゃ・ぢゃ	ja と zya
しゅ	shu と syu	ちゅ	chu と tyu	じゅ・ぢゅ	ju と zyu
しょ	sho と syo	ちょ	cho と tyo	じょ・ぢょ	jo と zyo

▶つまる音とのばす音

ローマ字で「きっぷ」の「っ」というつまる音を表すときは，次の音の初めの文字を2つ続けて書くよ。また，「おとうさん」の「とう」のようなのばす音を表すときは，その音の a・i・u・e・o の上に「ー」をつけるんだ。

※のばす音の印には「＾」もあり，どちらも同じ働きをします。この本では「ー」を使っています。

例 きっぷ → ki**pp**u　　日記 → ni**kk**i
例 おとうさん → ot**ō**san　　風車 → f**ū**sha

▶大文字を使う場合

人の名前や地名をローマ字で表す場合，初めの文字を大文字にするよ。地名に「〜県」「〜都」などを続ける場合，ハイフン「-」を使って言葉をつなぐこともあるよ。

例 山本さくら → **Y**amamoto **S**akura　　青森 → **A**omori
　 東京都 → **T**ōkyō-to

5 ローマ字 きゃ〜にょ

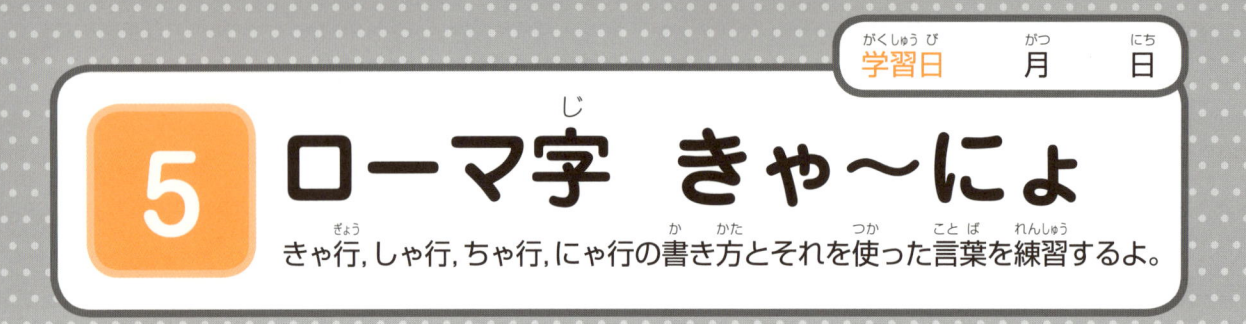

きゃ行, しゃ行, ちゃ行, にゃ行の書き方とそれを使った言葉を練習するよ。

書いてみよう ローマ字をなぞったあと, 下に書いてみよう。

きゃ	きゅ	きょ

kya　　　kyu　　　kyo

kiyaだと「きや」になるよ。

しゃ	しゅ	しょ

sha　　　shu　　　sho

ちゃ	ちゅ	ちょ

cha　　　chu　　　cho

にゃ	にゅ	にょ
nya	nyu	nyo

言葉を書いてみよう
ローマ字で書かれた言葉をなぞったあと、数回書いてみよう。

❶ 汽車（きしゃ）
kisha

❷ 歌手（かしゅ）
kashu

❸ 茶わん（ちゃ）
chawan

❹ 南極（なんきょく）
nankyoku

❺ こんにゃく
konnyaku

6 ローマ字 ひゃ〜ぎょ

ひゃ行,みゃ行,りゃ行,ぎゃ行の書き方とそれを使った言葉を練習するよ。

書いてみよう ローマ字をなぞったあと，下に書いてみよう。

ひゃ	ひゅ	ひょ
hya	hyu	hyo

hiyaだと「ひや」になるよ。

みゃ	みゅ	みょ
mya	myu	myo

りゃ	りゅ	りょ
rya	ryu	ryo

56

| ぎゃ | ぎゅ | ぎょ |

gya　　gyu　　gyo

言葉を書いてみよう
ローマ字で書かれた言葉をなぞったあと、数回(すうかい)書いてみよう。

❶ 百(ひゃく)

hyaku

❷ 脈(みゃく)

myaku

❸ 金魚(きんぎょ)

kingyo

❹ 旅館(りょかん)

ryokan

❺ 略語(りゃくご)

ryakugo

7 ローマ字 じゃ〜ぴょ

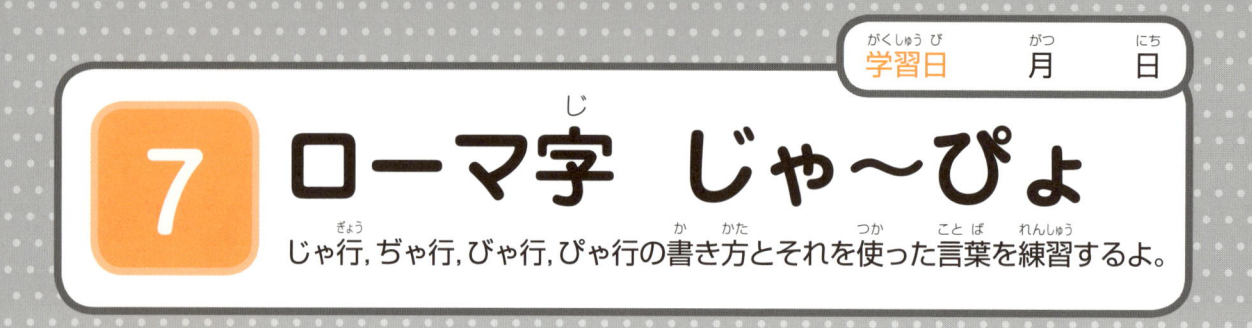

じゃ行, ぢゃ行, びゃ行, ぴゃ行の書き方とそれを使った言葉を練習するよ。

学習日　月　日

書いてみよう ローマ字をなぞったあと, 下に書いてみよう。

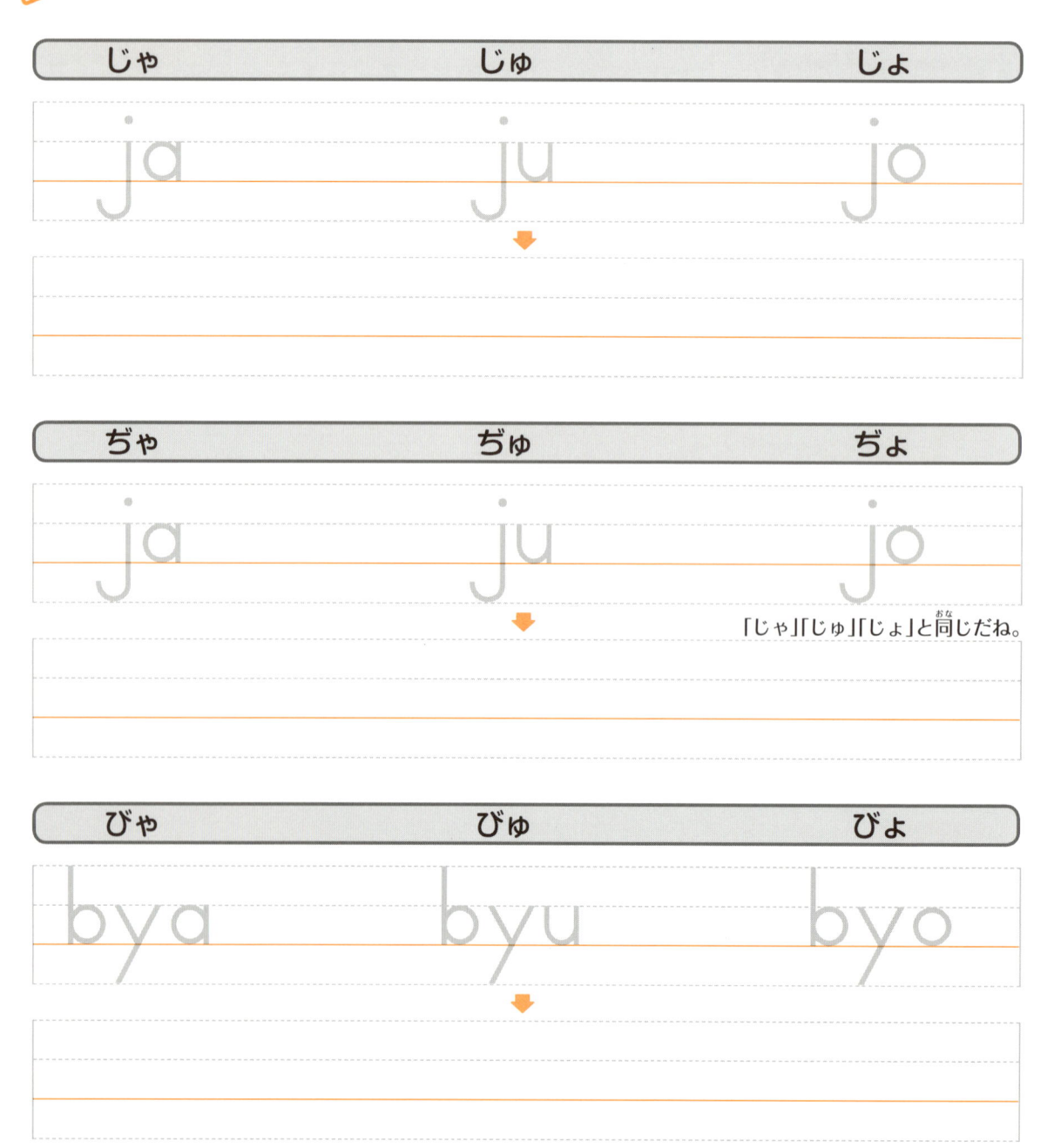

じゃ	じゅ	じょ
ja	ju	jo

ぢゃ	ぢゅ	ぢょ
ja	ju	jo

「じゃ」「じゅ」「じょ」と同じだね。

びゃ	びゅ	びょ
bya	byu	byo

58

ぴゃ	ぴゅ	ぴょ
pya	pyu	pyo

言葉を書いてみよう
ローマ字で書かれた言葉をなぞったあと、数回書いてみよう。

❶ 女子（じょし）

joshi

❷ くじゃく

kujaku

❸ しんじゅ

shinju

❹ 三百（さんびゃく）

sanbyaku

❺ ぴょんぴょん

pyonpyon

8 ローマ字 つまる音, のばす音, 大文字

つまる音, のばす音の表し方と大文字を使う場合を練習するよ。

つまる音 ローマ字でつまる音「っ」を表すときは,「っ」の次の音の初めの文字を2つ書くよ。下のローマ字で書かれた言葉をなぞったあと, 数回書いてみよう。

❶ きっぷ

kippu

↑ ↑ ——「ぷ（pu）」の初めの文字pを2つ書くんだよ。

❷ ばった

batta

❸ 食器

shokki

❹ しっぽ

shippo

❺ 骨折

kossetsu

のばす音

ローマ字でのばす音を表すときは、その音の a, i, u, e, o の上に「￣」を書くよ。下のローマ字で書かれた言葉をなぞったあと、数回書いてみよう。

❶ 宇宙

uchū

❷ 学校

gakkō

❸ お姉さん

onēsan

大文字

ローマ字で人や場所の名前を表すときは、初めの文字を大文字にするよ。❶と❷は、下のローマ字で書かれた言葉をなぞろう。

❶ 織田信長

Oda Nobunaga

❷ 北海道

Hokkaidō

＊なぞったら、よこにもう一度書こう。

❸ 自分の名前を書きましょう。

復習ドリル ⑤

学習日　月　日

●答え：p.95

⑤〜⑧で習ったローマ字の書き方を確かめよう！

1

(1), (2)の言葉を表すローマ字として，正しいほうをそれぞれ下から選んで，○をつけましょう。

(1) 食事

shokuji　　shiokuji

(2) 入学

niyūgaku　　nyūgaku

2

(1)〜(3)にある2つの言葉のちがいに気をつけて，それぞれの言葉を表すローマ字を完成させましょう。

(1) まくら　　ma　　ra

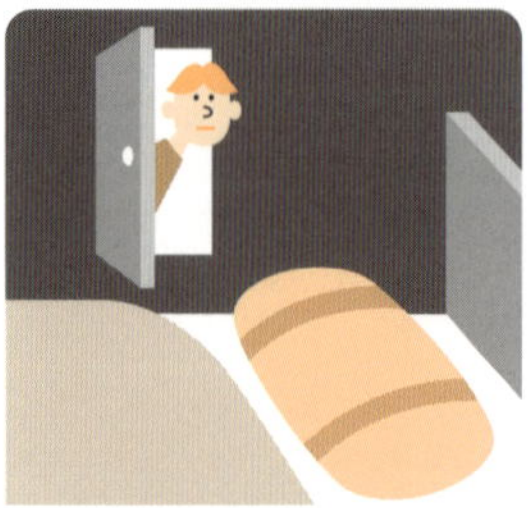

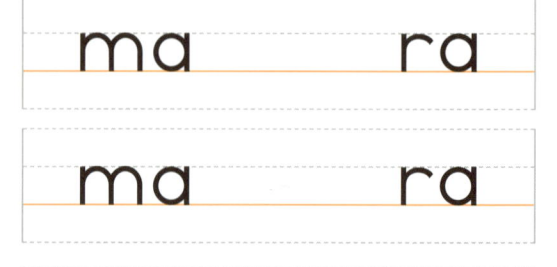

真っ暗　　ma　　ra

(2) 人魚　　ni

人形　　ni

(3) 病院　　b　　n

美容院　　b　　n

3 下のローマ字にはいくつかまちがいがあります。正しく直して右に書きましょう。

(1) 発表（はっぴょう）　hapyō　→

(2) 緑茶（りょくちゃ）　riyokuchia　→

(3) 京都（きょうと）　kiyōto　→

(4) 森みよ（もり）（名前）　Mori myo　→

4 左の言葉をローマ字に直して，□に1文字ずつアルファベットを入れましょう。すると，□に言葉ができます。それを漢字かひらがなで答えましょう。

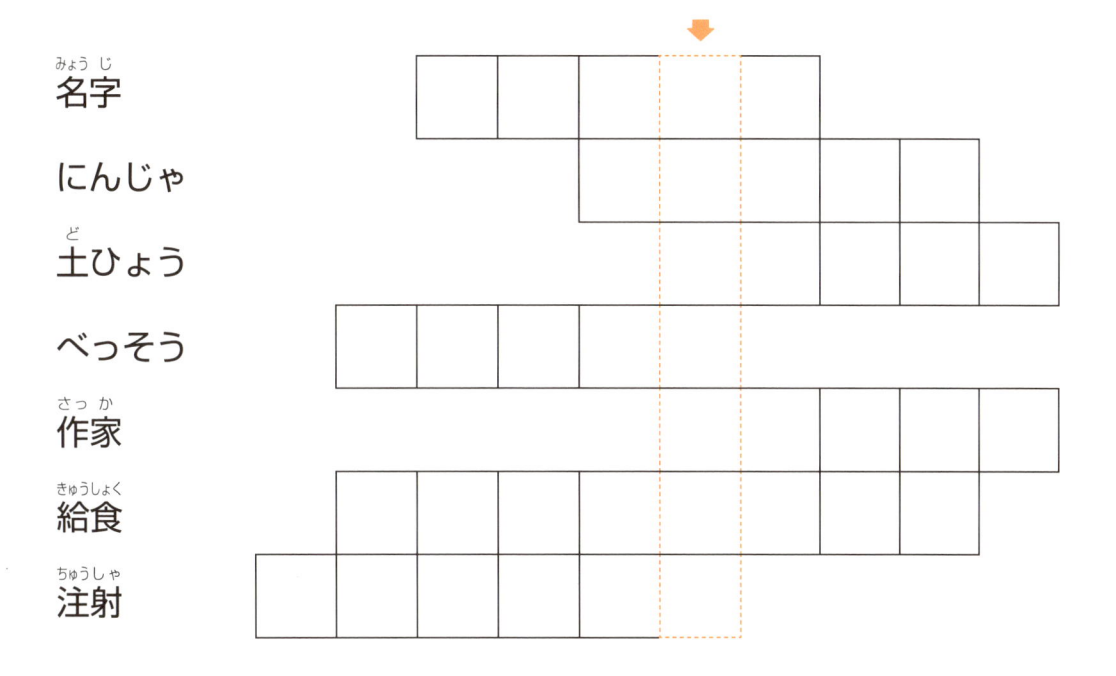

名字（みょうじ）

にんじゃ

土ひょう（ど）

べっそう

作家（さっか）

給食（きゅうしょく）

注射（ちゅうしゃ）

□にできた言葉は

63

知っておこう！
コンピューターの文字の入力

ローマ字の書き方は覚えられたかな？　コンピューターで日本語を入力するときにもローマ字が使われる場合が多いんだよ。

たとえば，「山」という漢字を出したいときは，[Y][A][M][A]と入力し，変換キーを押すと，漢字が出てくるんだよ。

ローマ字には2通りの表記のしかたがあるのを見たけれども（→p.41, p.53），コンピューターで入力するときにはどちらの表記も使えるよ。

それから，下で示した文字をコンピューターで入力するときには，これまでに練習したローマ字の表記とはちがう打ち方をするから，注意しようね。

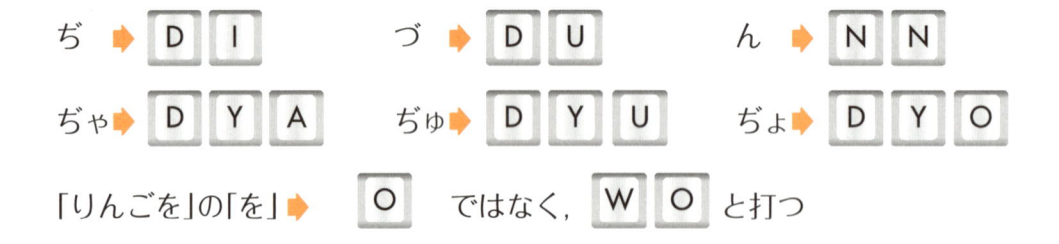

ぢ ➡ [D][I]		づ ➡ [D][U]		ん ➡ [N][N]		
ぢゃ➡ [D][Y][A]		ぢゅ➡ [D][Y][U]		ぢょ➡ [D][Y][O]		

「りんごを」の「を」➡ [O] ではなく，[W][O] と打つ

また，のばす音がある言葉を打つときにも注意が必要。たとえば「おかあさん」や「学校」をコンピューターで入力するときには，次のように打つよ。

おかあさん ➡ [O][K][A][A][S][A][N][N]　←Aを打つよ

学校 ➡ [G][A][K][K][O][U]　←Uを打つよ

コンピューターを使ってインターネットで何かを調べたり，Eメールを書いたりする機会がこれから増えていくと思うけれども，そのようなとき，ローマ字で日本語を入力すると便利だから，きちんと覚えようね！

フォニックス

▶▶ **おうちの方へ**

　単語のつづりと読み方には一定のルールがあります。このルールを見つけて，単語の読み方を指導する方法がフォニックスです。

　ここでは，単語のつづりと読み方のもっとも基本的なルールをつかみながら，その単語が正しく発音できるようになることをめざしています。

　フォニックスには例外も多数あります。本書では，あくまでつづりと発音の関係を知るための導入として，母音や，日本語にはない発音を中心に扱っています。

フォニックスとは

▶ **単語はどう発音するの？**

英語の単語はアルファベットの組み合わせで成り立っているよね。
では，英語の単語はどのように発音すればいいのだろう？

たとえば，「かばん」を表す単語は英語では **bag** だよ。アルファベットを読むように，［ビー　エイ　ヂー］と読んだら何のことかわからず，意味は通じないよ。
bag は［バッグ］と発音するんだ（日本語の「バッグ」とは発音がちがうよ。正しい発音はp.68でCDを聞いてね）。

つづり	意味	発音	a の発音
bag	かばん	バッグ	ア

では，同じアルファベットの a をふくんでいる単語，**tape** はどうだろう？　どう発音するかわかるかな？

tape の発音は［タペ］でもなく，［タップ］でもないよ。［テイプ］と発音するよ（日本語の「テープ」とは発音がちがうよ。正しい発音はp.68でCDを聞こう）。

つづり	意味	発音	a の発音
tape	テープ	テイプ	エイ

さて，同じように a をふくんだ単語，**lake**（湖）は何と読むかな？　正解はp.68のCDで確認してね！

▶フォニックスって？

　左のように，同じaでもbagのaは「ア」と読み，tapeのaは「エイ」と読むことに気づいたかな？　このように，同じアルファベットの文字でも，単語によって発音がちがうんだ。でも，単語の中の文字と読み方には，一定のルールがあるんだ。
　このような単語の中の文字のつづりと読み方のルールを見つけて，文字と発音を結びつけて学ぶ方法のことをフォニックスというんだよ。
　フォニックスをしっかり勉強すれば，たくさんの英語の単語がすぐに発音できるようになるし，単語のつづりにも強くなれるよ。

▶発音記号について

　bagのaやtapeのaの発音は，CDで聞けばわかるけれど，日本語の「ア」や「エイ」とは発音がちがうよね。 
　このように，カタカナで英語の読み方を正確に表すことはできないよ。でも，正しい発音を表す記号として発音記号というものがあるんだ。たとえば，bagのaは[æ]，tapeのaは[ei]と表すんだ（発音記号は今の段階ではとくに覚える必要はない）。
　だから，カタカナで英語の読み方が表されていても，それはあくまで読み方の「手がかり」と思って，CDをしっかり聞いて，CDの発音をまねて言ってみることがだいじだよ。

　よ～し，これで注意することは終わりだ。
　では，フォニックスの基本を学んでいこう。単語のつづりに注意して，CDで発音を確かめてから，練習しよう。

さあ！始めよう！

1 aの発音

aは単語の中でどう読まれるか知り，単語を書いてみよう。

言ってみよう
青文字に注目してCDを聞いて，単語を言ってみよう。　CD 21

1. bag
2. hat
3. cat
4. map
5. face
6. lake
7. tape
8. cake

発音のルール

aには[æ]と[ei]の2種類の発音があるんだ。[æ]は「ア」と「エ」の中間の発音だよ。「エ」の口をして「ア」と発音しよう。

ア [æ]
- ❶ bag
- ❷ hat
- ❸ cat
- ❹ map

エイ [ei]
- ❺ face
- ❻ lake
- ❼ tape
- ❽ cake

最後にeがあると「エイ」になるね！

書いてみよう

声に出して読みながらなぞったあと，数回ずつ書いてみよう。
読み方がわからないときは，もう一度CDを聞いてね。

❶ [bæg] ●かばん

bag bag

❷ [hæt] ●ぼうし

hat hat

❸ [kæt] ●ねこ

cat cat

❹ [mæp] ●地図

map map

❺ [feis] ●顔

face face

❻ [leik] ●湖

lake lake

❼ [teip] ●テープ

tape tape

❽ [keik] ●ケーキ

cake cake

2 iの発音

iは単語の中でどう読まれるか知り、単語を書いてみよう。

言ってみよう
青文字に注目してCDを聞いて、単語を言ってみよう。 CD 22

❶ sit
❷ big
❸ six
❹ pig
❺ rice
❻ nine
❼ bike
❽ kite

発音のルール
iには[i]と[ai]の2種類の発音があるんだ。[ai]は大きく口を開けて「ア」を強くいったあと、軽く「イ」をそえる感じだよ。

[i]
- ❶ sit
- ❷ big
- ❸ six
- ❹ pig

[ai]
- ❺ rice
- ❻ nine
- ❼ bike
- ❽ kite

最後にeがあると「アイ」になるね！

書いてみよう 声に出して読みながらなぞったあと，数回ずつ書いてみよう。

❶ [sit] ●すわる

sit　sit

❷ [big] ●大きい

big　big

❸ [siks] ●6

six　six

❹ [pig] ●ぶた

pig　pig

❺ [rais] ●ごはん

rice　rice

❻ [nain] ●9

nine　nine

❼ [baik] ●自転車

bike　bike

❽ [kait] ●たこ

kite　kite

3 uの発音

uは単語の中でどう読まれるか知り、単語を書いてみよう。

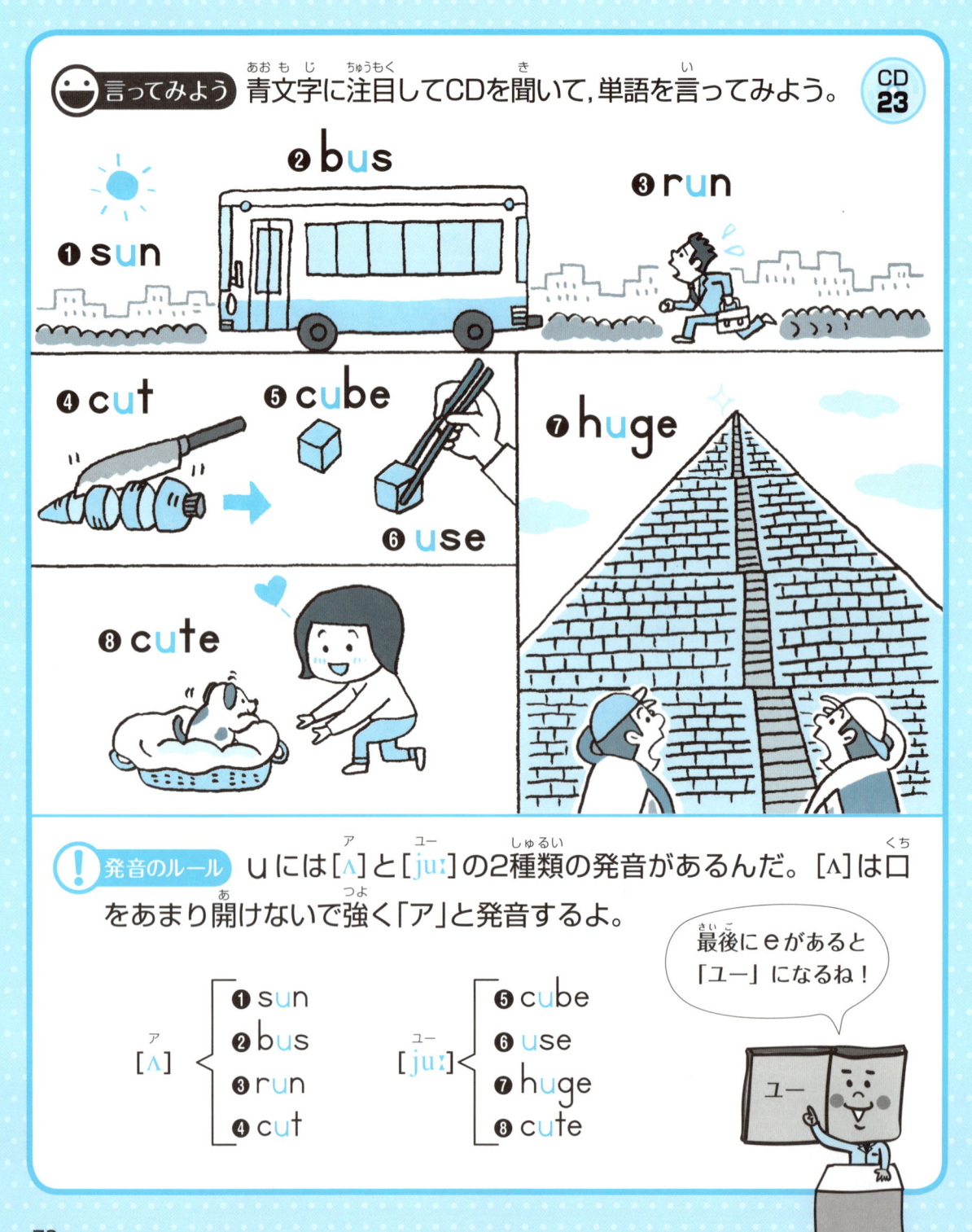

言ってみよう
青文字に注目してCDを聞いて、単語を言ってみよう。 CD23

❶ sun
❷ bus
❸ run
❹ cut
❺ cube
❻ use
❼ huge
❽ cute

発音のルール

uには[ʌ]と[juː]の2種類の発音があるんだ。[ʌ]は口をあまり開けないで強く「ア」と発音するよ。

[ʌ]
- ❶ sun
- ❷ bus
- ❸ run
- ❹ cut

[juː]
- ❺ cube
- ❻ use
- ❼ huge
- ❽ cute

最後にeがあると「ユー」になるね！

書いてみよう
声に出して読みながらなぞったあと，数回ずつ書いてみよう。

❶ [sʌn] ●太陽

sun　sun

❷ [bʌs] ●バス

bus　bus

❸ [rʌn] ●走る

run　run

❹ [kʌt] ●切る

cut　cut

❺ [kjuːb] ●立方体

cube　cube

❻ [juːz] ●使う

use　use

❼ [hjuːdʒ] ●巨大な

huge　huge

❽ [kjuːt] ●かわいい

cute　cute

73

4 e, o の発音

eとoは単語の中でどう読まれるか知り、単語を書いてみよう。

言ってみよう
青文字に注目してCDを聞いて、単語を言ってみよう。 CD 24

① pen
② ten
③ bed
④ hot
⑤ box
⑥ rose
⑦ nose
⑧ rope

発音のルール
eは[e]（エ）と発音するよ。oには[ɑ]（ア）と[ou]（オウ）の2種類の発音があるんだ。[ɑ]は日本語の「ア」よりも口を大きく開けて言うよ。

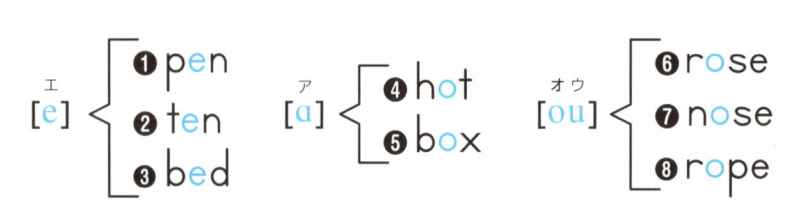

[e]（エ）
- ① pen
- ② ten
- ③ bed

[ɑ]（ア）
- ④ hot
- ⑤ box

[ou]（オウ）
- ⑥ rose
- ⑦ nose
- ⑧ rope

最後にeがあると「オウ」になるね！

書いてみよう 声に出して読みながらなぞったあと、数回ずつ書いてみよう。

❶ [pen] ●ペン

pen pen

❷ [ten] ●10

ten ten

❸ [bed] ●ベッド

bed bed

❹ [hɑt] ●熱い

hot hot

❺ [bɑks] ●箱

box box

❻ [rouz] ●バラ

rose rose

❼ [nouz] ●鼻

nose nose

❽ [roup] ●ロープ

rope rope

5 ir, ur, er の発音

ir, ur, er は単語の中でどう読まれるか知り、単語を書いてみよう。

言ってみよう
青文字に注目してCDを聞いて、単語を言ってみよう。 CD 25

① girl
② bird
③ skirt
④ hurt
⑤ turn
⑥ nurse
⑦ Germany
⑧ person

発音のルール
ir, ur, er はみんな [əːr]（アー）と発音するよ。あまり口を開けないで、「ア」と少しのばしながら舌を後ろにそらせる感じだよ。

アー [əːr] {① girl ② bird ③ skirt}

アー [əːr] {④ hurt ⑤ turn ⑥ nurse}

アー [əːr] {⑦ Germany ⑧ person}

書いてみよう 声に出して読みながらなぞったあと，数回ずつ書いてみよう。

❶ [gəːrl] ●女の子

girl girl

❷ [bəːrd] ●鳥

bird bird

❸ [skəːrt] ●スカート

skirt skirt

❹ [həːrt] ●けが

hurt hurt

❺ [təːrn] ●回す

turn turn

❻ [nəːrs] ●看護師

nurse nurse

❼ [dʒə́ːrməni] ●ドイツ

Germany Germany

❽ [pə́ːrsn] ●人

person person

77

6 ar, orの発音

arとorは単語の中でどう読まれるか知り、単語を書いてみよう。

学習日　月　日

言ってみよう
青文字に注目してCDを聞いて、単語を言ってみよう。　CD 26

1. garden
2. car
3. park
4. guitar
5. morning
6. north
7. horse
8. fork

発音のルール
arは[ɑːr]（アー）、orは[ɔːr]（オー）と発音するんだ。[ɔːr]はくちびるを丸くして発音するよ。

[ɑːr]（アー）
1. garden
2. car
3. park
4. guitar

[ɔːr]（オー）
5. morning
6. north
7. horse
8. fork

[ɑːr]は大きく口を開けて発音しよう。

78

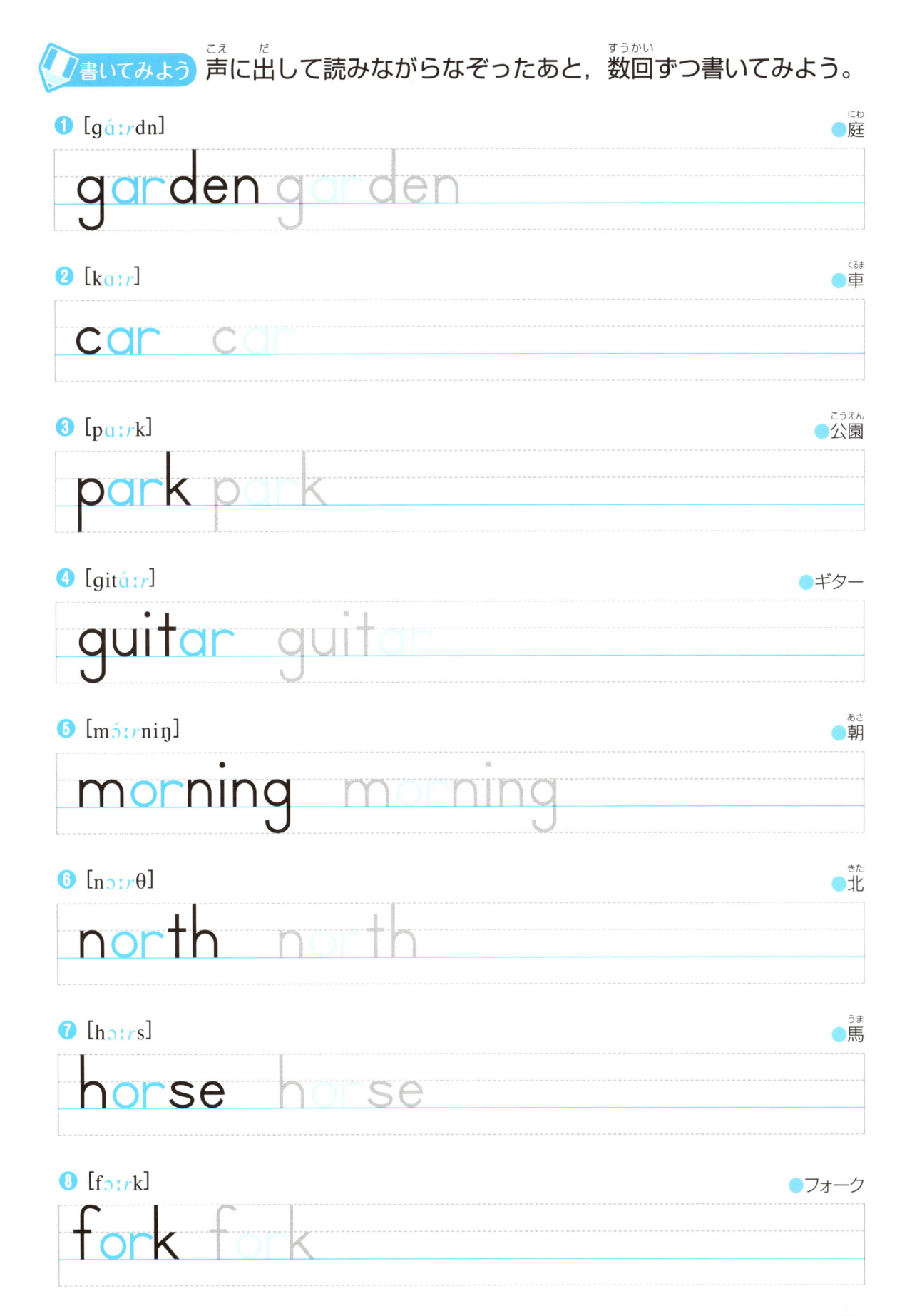

書いてみよう 声に出して読みながらなぞったあと、数回ずつ書いてみよう。

❶ [gáːrdn]　　　　　　　　　　　　　　　●庭

garden　garden

❷ [kɑːr]　　　　　　　　　　　　　　　　●車

car　car

❸ [pɑːrk]　　　　　　　　　　　　　　　●公園

park　park

❹ [gitáːr]　　　　　　　　　　　　　　　●ギター

guitar　guitar

❺ [mɔ́ːrniŋ]　　　　　　　　　　　　　　●朝

morning　morning

❻ [nɔːrθ]　　　　　　　　　　　　　　　●北

north　north

❼ [hɔːrs]　　　　　　　　　　　　　　　●馬

horse　horse

❽ [fɔːrk]　　　　　　　　　　　　　　　●フォーク

fork　fork

復習ドリル ⑥

学習日　月　日

答え：p.95

フォニックスの 1 ～ 6 で習った単語のつづりと発音を確かめよう！

�֎ 1と2はCDを聞いて、問題に答えましょう。

1

(1)～(4)の英語を聞いて、読まれたほうの単語を□で囲みましょう。　CD 27

(1) hat　　hurt

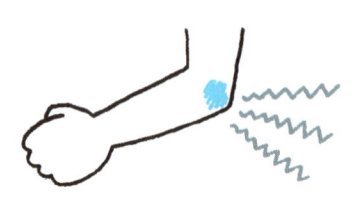

(2) cut　　cute

(3) bed　　bird

(4) nurse　　north

80

2

(1)〜(6)の単語について、読まれた単語の正しいつづりになるように、a, i, u, e, o のどれかを入れましょう。 CD 28

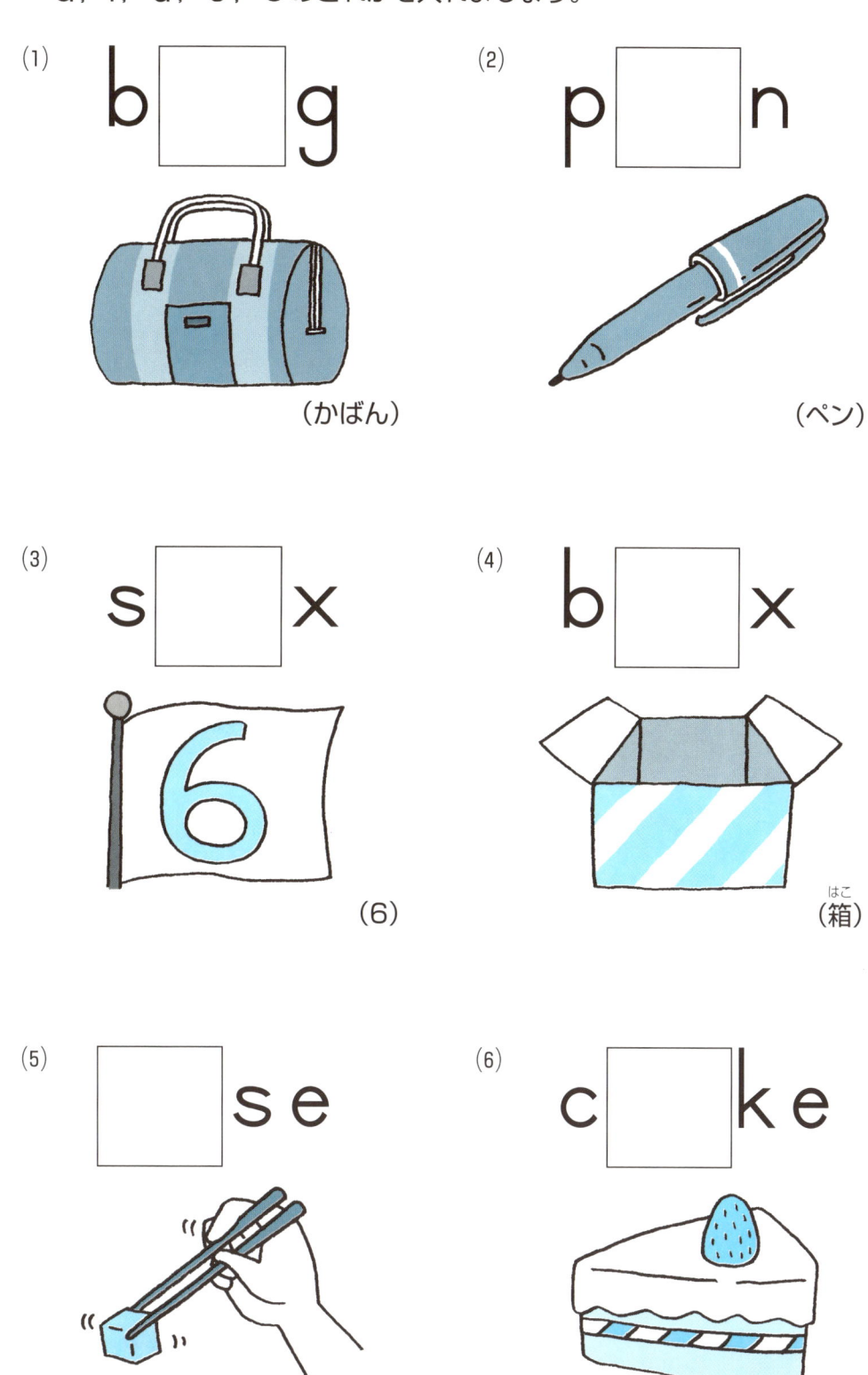

(1) b☐g （かばん）

(2) p☐n （ペン）

(3) s☐x (6)

(4) b☐x （箱）

(5) ☐se （使う）

(6) c☐ke （ケーキ）

81

7 c, g の発音

c, g は単語の中でどう読まれるか知り、単語を書いてみよう。

言ってみよう
青文字に注目してCDを聞いて、単語を言ってみよう。 CD 29

1. ice
2. pencil
3. cook
4. cup
5. page
6. large
7. grape
8. dog

発音のルール

c には [s] と [k]、g には [dʒ] と [g] の2種類の発音があるんだ。ちがいに気をつけよう。

[s] { ① ice / ② pencil } — c はつづり字が e, i, y の前では [s] と発音する。

[k] { ③ cook / ④ cup } — a, o, u, 子音字の前や単語の最後のときは [k] と発音する。

[dʒ] { ⑤ page / ⑥ large } — g はつづり字が e, i, y の前では [dʒ] と発音する。

[g] { ⑦ grape / ⑧ dog } — a, o, u, 子音字の前や単語の最後のときは [g] と発音する。

子音字：a, i, u, e, o 以外の文字のこと。

書いてみよう　声に出して読みながらなぞったあと，数回ずつ書いてみよう。

❶ [ais]　●氷

ice　ice

❷ [pénsl]　●えんぴつ

pencil　pencil

❸ [kuk]　●料理する

cook　cook

❹ [kʌp]　●カップ

cup　cup

❺ [peidʒ]　●ページ

page　page

❻ [lɑːrdʒ]　●大きい

large　large

❼ [greip]　●ぶどう

grape　grape

❽ [dɔ(ː)g]　●犬

dog　dog

8 ck, ch, sh の発音

ck, ch, sh は単語の中でどう読まれるか知り、単語を書いてみよう。

言ってみよう 青文字に注目してCDを聞いて、単語を言ってみよう。 CD 30

① clock
② black
③ bench
④ church
⑤ child
⑥ shop
⑦ ship
⑧ fish

発音のルール ck は [k], ch は [tʃ], sh は [ʃ] と発音するよ。それぞれ息だけで発音するんだよ。

[k] ク ― ① clock / ② black

[tʃ] チ ― ③ bench / ④ church / ⑤ child

[ʃ] シ ― ⑥ shop / ⑦ ship / ⑧ fish

書いてみよう 声に出して読みながらなぞったあと，数回ずつ書いてみよう。

① [klɑk] ●時計

clock clock

② [blæk] ●黒い

black black

③ [bentʃ] ●ベンチ

bench bench

④ [tʃəːrtʃ] ●教会

church church

⑤ [tʃaild] ●子ども

child child

⑥ [ʃɑp] ●店

shop shop

⑦ [ʃip] ●船

ship ship

⑧ [fiʃ] ●魚

fish fish

9 th, f, vの発音

th, f, vは単語の中でどう読まれるか知り、単語を書いてみよう。

言ってみよう
青文字に注目してCDを聞いて、単語を言ってみよう。　CD 31

① tee**th**
② mou**th**
③ mo**th**er
④ fa**th**er
⑤ lea**f**
⑥ **f**our
⑦ **v**iolin
⑧ lo**v**e

発音のルール

thには[θ]と[ð]の2種類の発音があり、fは[f]、vは[v]と発音するよ。

[θ] ｛ ① tee**th** / ② mou**th**
[ð] ｛ ③ mo**th**er / ④ fa**th**er
[f] ｛ ⑤ lea**f** / ⑥ **f**our
[v] ｛ ⑦ **v**iolin / ⑧ lo**v**e

thは舌を上の歯に当てて、f、vは上の歯を下くちびるに当てて発音するよ。

書いてみよう 声に出して読みながらなぞったあと，数回ずつ書いてみよう。

❶ [tiːθ] ●歯

teeth teeth

❷ [mauθ] ●口

mouth mouth

❸ [mʌ́ðər] ●母

mother mother

❹ [fάːðər] ●父

father father

❺ [liːf] ●葉

leaf leaf

❻ [fɔːr] ●4

four four

❼ [vàiəlín] ●バイオリン

violin violin

❽ [lʌv] ●愛

love love

復習ドリル 7

学習日　月　日

答え：p.95

フォニックスの 7 ～ 9 で習った単語のつづりと発音を確かめよう！

✖ 1と2はCDを聞いて，問題に答えましょう。

1

(1)～(4)の英語を聞いて，読まれたほうの単語を□で囲みましょう。

CD 32

(1) cook　　clock

(2) leaf　　teeth

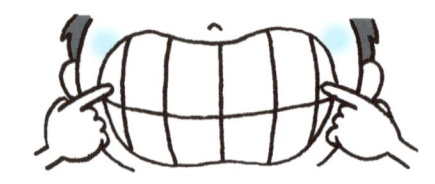

(3) love　　large

(4) ice　　fish

88

2 (1)〜(6)の単語について，読まれた単語の正しいつづりになるように，c, g, ch, sh, th, f のどれかを入れましょう。

(1) do□

（犬）

(2) □our

（4）

(3) □up

（カップ）

(4) □ip

（船）

(5) ben□

（ベンチ）

(6) mo□er

（母）

フォニックスのまとめ　CD 34

　アルファベットのa～zの読み方はp.5から学習したので，カンペキだよね。また，同じ文字でも単語のつづりによってちがう発音をすることがあることをp.65からのフォニックスで学んだよね。
　ここでは，a～zの単語の中での発音のしかたを紹介するよ。CDにはアルファベットの名前（文字），発音のしかたと単語の例が収録されているので，確認してね！

名前	発音のしかた		単語の例
a	[æ] ア	日本語の「ア」と「エ」の中間の音。「エ」の口をして「ア」と発音しよう。	cat（ねこ）
	[ei] エイ	強く「エ」を言ったあと，軽く「イ」をそえる。	cake（ケーキ）
b	[b] ブ	閉じたくちびるをはじくように，「ブッ」と声を出したときの音。「バ行」を発音するときの音。	bag（かばん）
c	[k] ク	強く「クッ」と息だけを出す音。「カ行」を発音するときの音。	cup（カップ）
	[s] ス	舌の先を上の歯ぐきに近づけて，そのすき間から息を出す音。	ice（氷）
d	[d] ドゥ	舌の先を上の歯ぐきからはなして「ドゥ」という音。	dog（犬）
e	[e] エ	日本語の「エ」とほとんど同じ音。日本語よりも少しはっきりと発音しよう。	pen（ペン）
f	[f] フ	上の歯を下くちびるに軽く当てて，そのすき間から強く息を出す音。日本語にはない音。	four（4）
g	[g] グ	強く「グッ」と声だけを出す音。「ガ行」を発音するときの音。	grape（ぶどう）
	[dʒ] ヂ	舌の先を上の歯ぐきに当て，それを勢いよくはなして「ヂ」と声を出すときの音。	page（ページ）
h	[h] ハ	「ハー」と息をふきかけるように，のどのおくから出す音。	hat（ぼうし）
i	[i] イ	上下の歯の間を少し開けて「イ」と言う。日本語の「イ」と「エ」の中間の音。	big（大きい）
	[ai] アイ	口を大きく開けて「ア」を強く言ったあと，軽く「イ」をそえる。	bike（自転車）
j	[dʒ] ヂ	舌の先を上の歯ぐきに当て，それを勢いよくはなして「ヂ」と声を出すときの音。	Japan（日本）

文字	発音記号	説明	例
k	[k] ク	強く「クッ」と息だけを出す音。「カ行」を発音するときの音。	kite (たこ)
l	[l] ル	舌の先を上の歯ぐきにつけたまま舌の両側から出す音。単語の最後などでは「ウ」に近くなる。	lake (湖)
m	[m] ム	くちびるを閉じたまま、鼻から「ム」と声を出すときの音。	map (地図)
n	[n] ヌ	舌の先を上の歯ぐきにつけたまま、鼻を通して出す音。単語の最後のときは「ヌ」のように言う。	nine (9)
o	[ɑ] ア	日本語の「ア」よりも口を大きく開けて「ア」と発音する音。	hot (熱い)
	[ou] オウ	強く「オ」を言い、軽く「ウ」をそえる。	nose (鼻)
p	[p] プ	閉じたくちびるをはじくように、「プッ」と息を出したときの音。「パ行」を発音するときの音。	park (公園)
q	[k] ク	強く「クッ」と息だけを出す音。「カ行」を発音するときの音。	quiz (クイズ)
r	[r] ル	舌の先を少し後ろにそらせて、そのすき間から声を出す。最初に軽く「ゥ」を言う感じで言う。	run (走る)
s	[s] ス	舌の先を上の歯ぐきに近づけて、そのすき間から息を出す音。	sit (すわる)
t	[t] トゥ	舌の先を上の歯ぐきからはなして「トゥ」という音。	ten (10)
u	[ʌ] ア	口をあまり開けないで強く「ア」と発音する。	sun (太陽)
	[juː] ユー	「ユ」のあとくちびるをそのまま丸くしておいて、強く「ウー」をのばして言う。	use (使う)
v	[v] ヴ	上の歯を下くちびるに軽く当てて、そのすき間から強く「ブ」と声を出す音。日本語にはない音。	love (愛)
w	[w] ウ	くちびるをすぼめてつき出しながら言う「ウ」の音。	well (じょうずに)
x	[ks] クス	息だけの音。日本語の「ク」「ス」のように「ウ」の音が入らないようにする。	box (箱)
y	[j] イ	強く「イーッ」と言うときの「イ」の音。「ヤ・ユ・ヨ」を言うときの音。	yes (はい)
z	[z] ズ	舌の先を上の歯ぐきに近づけて、そのすき間から声を出す音。	zoo (動物園)

iは単語の中で［i］と発音したり［ai］と発音するけれど，irというつづりのときは，ひとまとまりで［əːr］と発音するよ。ここでは，このようなひとまとまりのつづりで，練習した発音を紹介するよ。

つづり	発音記号	説明	例
ir, ur, er	[əːr] アー	あまり口を開けないで，「ア」と少しのばしながら舌を後ろにそらせるようにする。	skirt（スカート）
ar	[ɑːr] アー	口を大きく開けて元気よく「アー」と発音しよう。	car（車）
or	[ɔːr] オー	くちびるを丸くして，遠くの人を「オーイ」と呼ぶときのように「オー」と発音しよう。	morning（朝）
ch	[tʃ] チ	舌の先を上の歯ぐきに当て，それを勢いよくはなして出す息の音。日本語の「チ」に近い音。	church（教会）
ck	[k] ク	強く「クッ」と息だけを出す音。「カ行」を発音するときの音。	black（黒い）
sh	[ʃ] シ	くちびるを丸くつき出して，犬などを追いはらうときのように「シッ」と発音する。	ship（船）
th	[θ] ス	舌の先を上の歯の先に軽く当てて，そのすき間から息だけを出す音。日本語にはない音。	mouth（口）
th	[ð] ズ	舌の先を上の歯の先に軽く当てて，そのすき間から「ズ」という声を出す音。日本語にはない音。	mother（母）

答え

まちがえたところは、CDを聞いたりもう1度見直したりしましょう。

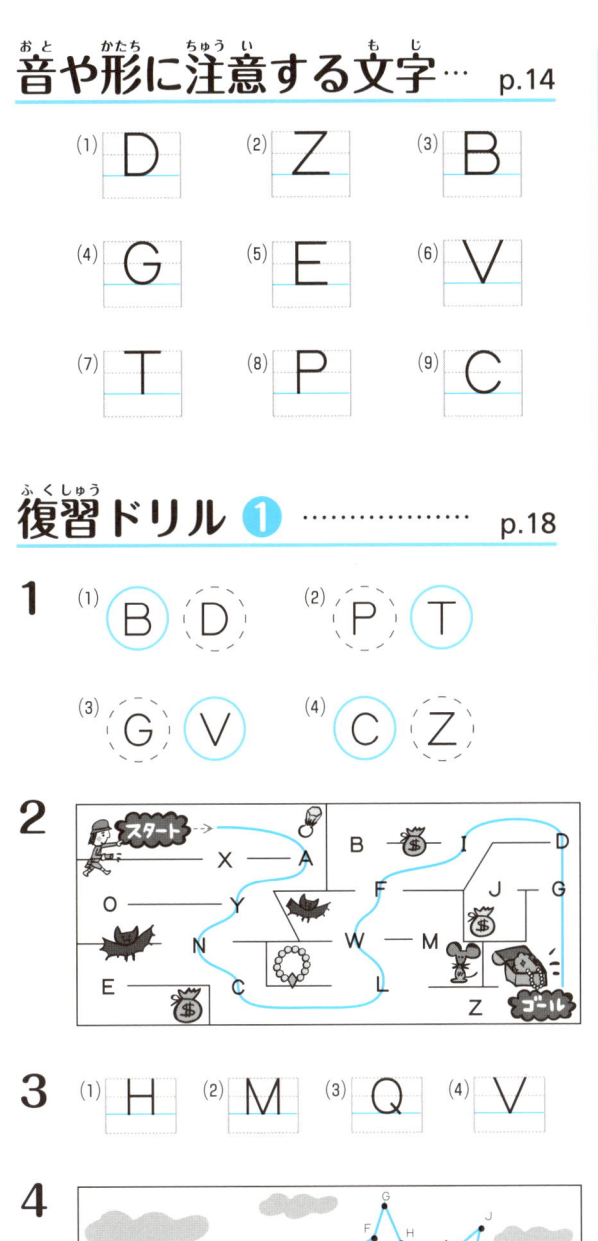

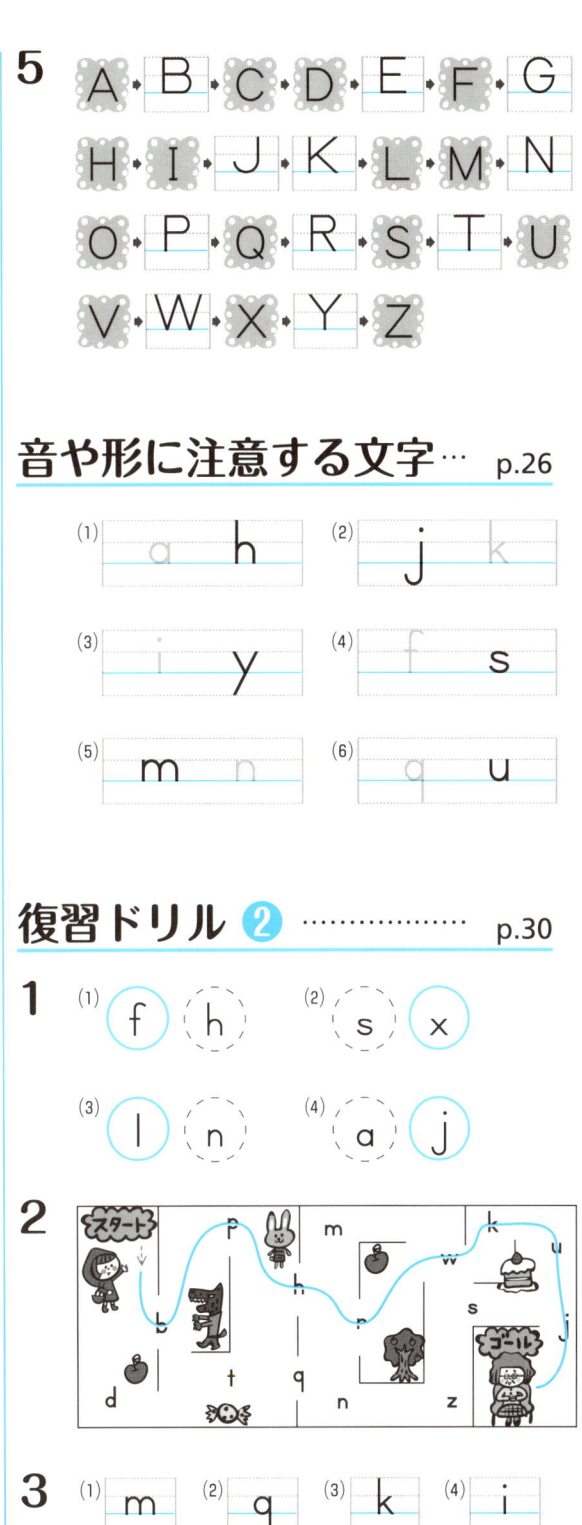

音や形に注意する文字… p.14

(1) D　(2) Z　(3) B
(4) G　(5) E　(6) V
(7) T　(8) P　(9) C

復習ドリル ❶ ………… p.18

1 (1) B　(2) T　(3) V　(4) C

2 (迷路)

3 (1) H　(2) M　(3) Q　(4) V

4 (点つなぎ絵)

音や形に注意する文字… p.26

5 A・B・C・D・E・F・G
H・I・J・K・L・M・N
O・P・Q・R・S・T・U
V・W・X・Y・Z

(1) a　h　(2) j　k
(3) i　y　(4) f　s
(5) m　n　(6) q　u

復習ドリル ❷ ………… p.30

1 (1) f　(2) x　(3) l　(4) a

2 (迷路)

3 (1) m　(2) q　(3) k　(4) i

93

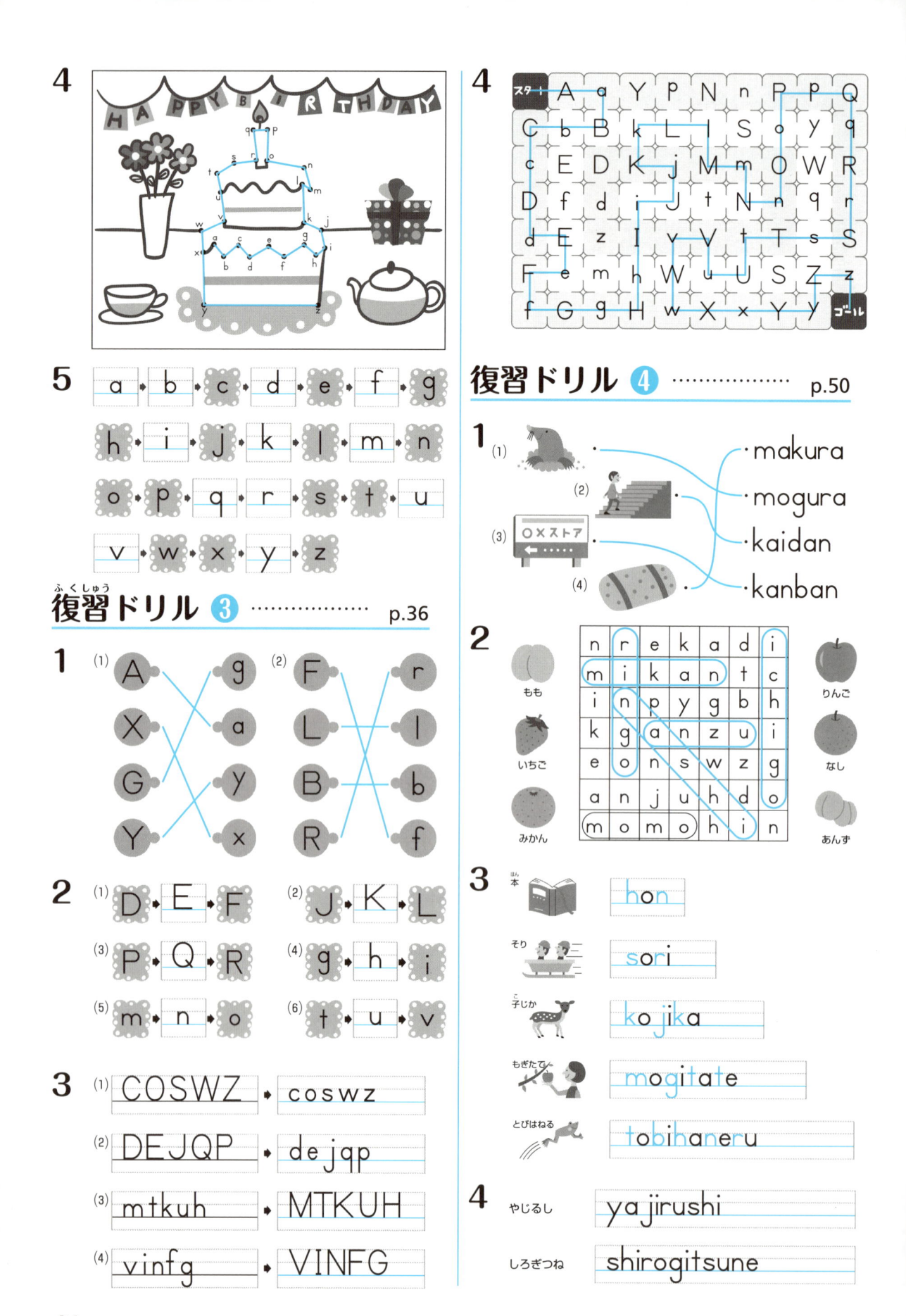

5

a → b → c → d → e → f → g
h → i → j → k → l → m → n
o → p → q → r → s → t → u
v → w → x → y → z

復習ドリル ③ ... p.36

1
(1) A-g, X-a, G-y, Y-x
(2) F-r, L-l, B-b, R-f

2
(1) D → E → F
(2) J → K → L
(3) P → Q → R
(4) g → h → i
(5) m → n → o
(6) t → u → v

3
(1) COSWZ → coswz
(2) DEJQP → dejqp
(3) mtkuh → MTKUH
(4) vinfg → VINFG

復習ドリル ④ ... p.50

1
(1) mogura
(2) kaidan
(3) kanban
(4) makura

2 もも — momo, りんご — ringo, いちご — ganzu(?), なし — , みかん — mikan, あんず —

3
本 — hon
そり — sori
子じか — kojika
もぎたて — mogitate
とびはねる — tobihaneru

4
やじるし — yajirushi
しろぎつね — shirogitsune

94

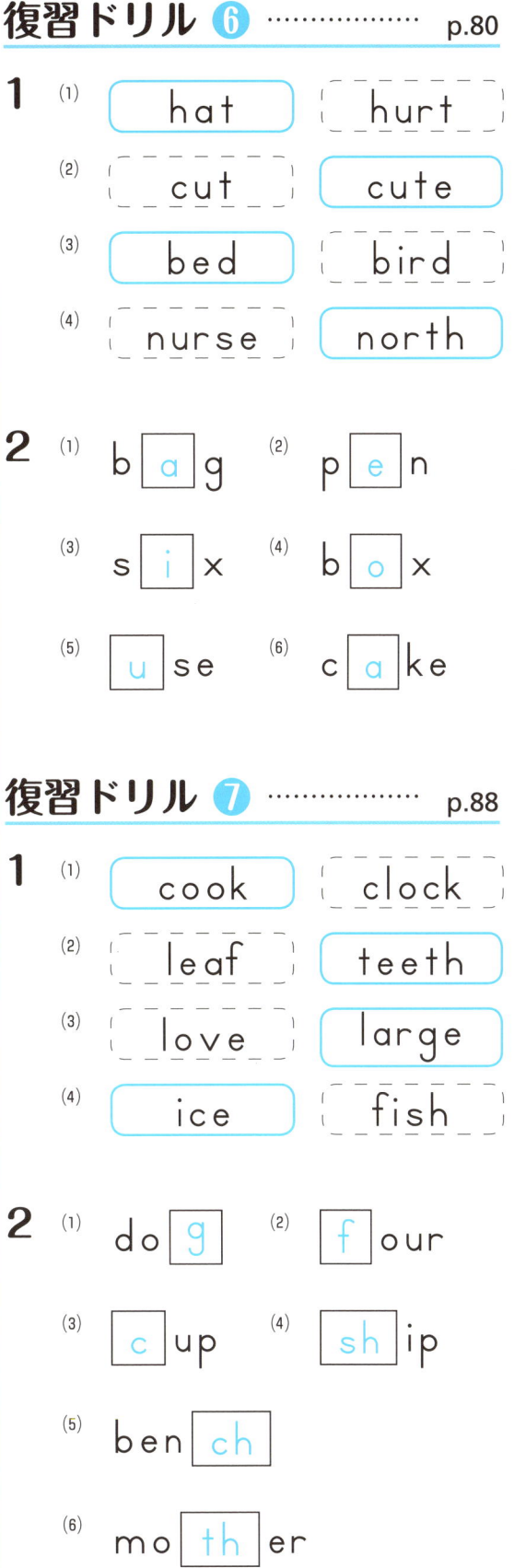

| ねこなでごえ | nekonadegoe |
| えんぴつけずり | enpitsukezuri |

復習ドリル ❺ p.62

1
(1) 食事 — shokuji / shiokuji
(2) 入学 — niyūgaku / nyūgaku
(selected: shokuji, nyūgaku)

2
(1) まくら — makura
    真っ暗 — makkura
(2) 人魚 — ningyo
    人形 — ningyō
(3) 病院 — byōin
    美容院 — biyōin

3
(1) 発表 hapyō → happyō
(2) 緑茶 riyokuchia → ryokucha
(3) 京都 kiyōto → Kyōto
(4) 森 みよ Mori myo → Mori Miyo

4
名字 — myōji
にんじゃ — ninja
土ひょう — dohyō
べっそう — bessō
作家 — sakka
給食 — kyūshoku
注射 — chūsha

にできた言葉は 自動車（じどうしゃ）

復習ドリル ❻ p.80

1
(1) hat / hurt
(2) cut / cute
(3) bed / bird
(4) nurse / north

2
(1) b[a]g (2) p[e]n
(3) s[i]x (4) b[o]x
(5) [u]se (6) c[a]ke

復習ドリル ❼ p.88

1
(1) cook / clock
(2) leaf / teeth
(3) love / large
(4) ice / fish

2
(1) do[g]   (2) [f]our
(3) [c]up   (4) [sh]ip
(5) ben[ch]
(6) mo[th]er

■編集協力	小縣宏行　宮崎史子
	小森里美　田中裕子　森田桂子
■CD録音	財団法人 英語教育協議会（ELEC）
■表紙デザイン	有泉 武己
■表紙イラスト	chao
■本文デザイン	安民愛
■本文イラスト	chao　ふるや たかし　たむらかずみ
■DTP	株式会社 明昌堂

●この本は下記のように環境に配慮して製作しました。
・製版フィルムを使用しないCTP方式で印刷しました。
・環境に配慮した紙を使用しています。

CD袋:PP
CD盤:PC

小学生の英語ドリル1
アルファベット・ローマ字・フォニックス

初版発行	2009年 5月
改訂版発行	2013年 1月
第19刷発行	2025年 4月14日

▶ 編　者　　学研教育出版
▶ 発行人　　川畑 勝
▶ 編集人　　志村 俊幸
▶ 編集担当　中岡 美雪
▶ 発行所　　株式会社Gakken
　　　　　　〒141-8416
　　　　　　東京都品川区西五反田2-11-8
▶ 印刷所　　株式会社 リーブルテック

この本に関する各種お問い合わせ先
●本の内容については,下記サイトのお問い合わせフォームよりお願いします。
https://www.corp-gakken.co.jp/contact/
●在庫については
　Tel 03-6431-1199（販売部）
●不良品（落丁,乱丁）については
　Tel 0570-000577
　学研業務センター
　〒354-0045 埼玉県入間郡三芳町上富279-1
●上記以外のお問い合わせは
　Tel 0570-056-710（学研グループ総合案内）

©Gakken
本書の無断転載,複製,複写（コピー）,翻訳を禁じます。本書を代行業者等の第三者に依頼してスキャンやデジタル化することは,たとえ個人や家庭内の利用であっても,著作権法上,認められておりません。